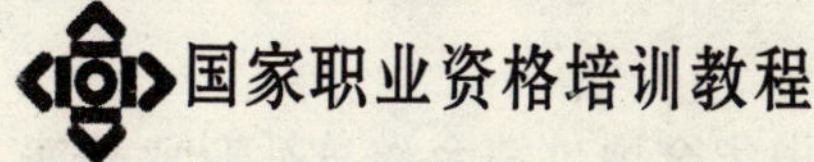

农产品经纪人中级技能知识

中华全国供销合作总社
职业技能鉴定指导中心 组织编写

中国财政经济出版社

图书在版编目（CIP）数据

农产品经纪人中级技能知识/中华全国供销合作总社职业技能鉴定指导中心组织编写. —北京：中国财政经济出版社，2005.1
国家职业资格培训教程
ISBN 7-5005-7819-9

Ⅰ. 农… Ⅱ. 中… Ⅲ. 农产品-经纪人-技术培训-教材
Ⅳ. F323.7

中国版本图书馆 CIP 数据核字（2004）第 133933 号

中国财政经济出版社 出版

URL：http：//www.cfeph.com.cn
E-mail：cfeph@cfeph.cn

社址：北京市海淀区阜成路甲 28 号 邮政编码：100036
发行处电话：88190406 财经书店电话：64033436
北京富生印刷厂印刷 各地新华书店经销
850×1168 毫米 32 开 4.5 印张 104 000 字
2005 年 1 月第 1 版 2005 年 8 月北京第 2 次印刷
印数：3001-6000 定价：12.50 元
ISBN 7-5005-7819-9/F·6867
（图书出现印装问题，本社负责调换）

编审委员会

序

农产品经纪人是我国职业分类大典中的新生儿，它是改革开放以来，中国特色社会主义市场经济条件下诞生的一个新的职业群体，他们反映灵敏，不辞辛苦在农村商品生产与销售之间牵线搭桥，为促进我国农产品流通发挥了积极作用。农产品经纪人已经成为助农增收的一支重要力量。

目前，据不完全统计，我国现有农产品经纪人约500万人左右，这是一支庞大而年轻的队伍，随着农村劳动力转移，这支队伍在继续扩大，他们需要掌握必备的知识，具备相应的资格，不断提高在农产品交易和经纪活动中的能力，维护自己和农民的切身利益，提高农民和农产品纪纪人的收入。

为提高农产品经纪人的劳动素质，发展与完善农产品经纪人队伍，规范农产品流通市场，提高广大农民的收入，中华全国供销合作总社职业技能鉴定指导中心在较短时间内组织编写了农产品经纪人国家职业资格培训教程，以推动农产品经纪人国家职业标准的实施工作。

这本教程的编写难度较大，不仅是因为时间短，更重要的是农产品经纪人职业特点不同于其他职业，农产品品种多，职业涵盖面宽，地域差异性大，该职业本身就已决定它的国家职业标准和教材很难在有限的篇幅中描述全部的农产品。本书充分考虑了这一特点，把重点放在农产品交易能力的提高和销售技能的训练，我认为方向是正确的，希望这次有益的尝试能受到广大读者的欢迎。

李春生

2005 年元月

出版说明

本世纪初，中共中央、国务院文件中指出："改革以来日益活跃的农民经纪人队伍和各种形式的民间流通组织，是搞活农产品流通的重要市场中介，是推动农业结构调整的一支主要力量。各地要采取鼓励措施，帮助他们解决实际困难，引导他们自我约束、自我完善，发挥更加积极的作用。"

2004年中共中央1号文件《关于促进农民增加收入若干政策的意见》再次强调"鼓励发展各类农产品专业组织，购销大户和农民经纪人"。

在现阶段，加强农产品经纪人队伍建设，不断提高农产品流通领域从业人员的劳动素质，以适应农村经济与社会的发展需要，是实现农业增效，农民增收和农产品竞争力增强的重要途径。

为此，我们在短时间内编写了农产品经纪人国家职业资格培训教程，用于相关机构组织培训、考核和申请参加职业技能鉴定的人员使用。

本书以《农产品经纪人》国家职业标准为依据，力求体现以职业活动为导向，以职业技能为核心的原则，是对职业标准的细化，结构上采用模块形式，按职业等级编写，注重专业知识与技能的结合，突出实用性、通俗性。

本书在编写、出版过程中得到中华全国供销合作总社各级领导和相关部门的支持，中华全国供销合作总社职业技能鉴定指导中心和吴磬同志提供的编写大纲奠定了本书的编写基础。东北农业大学的领导、部分专家，特别是金长城同志带病一起全方位支持了编写工作。此外，还有黑龙江省供销合作社、吉林省供销合作社、宁夏回族自治区供销合作社、广西壮族自治区供销合作社、福建省供销合作社、吉林工程技术师范学院经济技术学院、广西南宁商贸技校、福建经济学校以及中国财政经济出版社的支持与帮助，在此谨表诚挚谢意。

农产品经纪人国家职业资格培训教程，内容广、范围大、专业多，这给编写工作带来一定困难并会存在欠缺和不足，不妥之处恳请指教，便于我们进一步补充和完善。

编　者

2005年元月

目　录

第一章　市场信息采集与分析

第一节　市场调查的概念及方法

一、市场调查的概念

市场调查，就是运用科学的方法，通过各种途径、手段，有目的、有计划、系统而客观地收集、记录、整理与分析有关市场营销的现状和历史资料，预测其发展趋势，为企业营销决策和管理提出方案或建议，为企业决策者进行科学决策提供依据的活动。它既是企业整体活动的起点，又贯穿于整体营销活动的始终。

二、市场调查的作用

（一）市场调查是了解消费者需求的有效方法

企业进行生产的最终目的是为了将产品卖出去，实现其产品的价值。但在实现其产品价值的过程中必须通过交换来完成，即通过消费者购买商品来实现。消费者购买商品，是因为它能够满足消费者的欲望和需求。可见，企业要通过交换来实现其产品的价值，关键是要掌握消费者的需求，生产适销对路的产品，而市场调查为此提供了最有效的方法之一。

（二）市场调查是企业进行市场预测和决策的前提

企业只有根据市场调查所掌握的信息和资料，才能对市场变化趋势作出较为科学的预测，正确地作出企业经营决策，并在此基础上制定经营规划和计划，为企业的生存和发展打下坚实的基础。

（三）市场调查是企业正确制定市场营销策略的保证

企业制定市场营销策略的主要目的是为拓展市场，并有效地占领市场，从而获得最佳经济效益。企业只有通过市场调查研究与分析，才能充分了解和掌握企业的内部条件和外部环境等动态影响因素，从而制定出切实可行的市场营销策略。

三、市场调查的内容

市场调查的内容极为广泛，其主要内容可概括如下：

（一）微观方面的调查内容

1. 企业内部相关内容的调查

这是市场调查的核心，其具体内容包括：本行业市场潜量，即本行业在某个市场上可能达到的最大销售量；本企业销售潜量，即本企业的某一产品在某一市场的最大销售量；消费者对产品质量、功能的意见；产品定价策略是否合适，定价方法是否恰当；产品价格改变后消费者和竞争者各有何反应；商品的储存、运输与养护情况；人员推销的销售业绩状况；各种营业推广活动对消费者的影响及其程度。

2. 消费者情况调查

消费者总体情况。消费者数量规模，包括现实消费者和潜在消费者；消费者的地区分布状况；消费者性质，即：是个人消费者还是团体消费者。

消费者具体情况。消费者的年龄、性别、职业、文化、程度、民族、偏好等；消费者的经济状况；消费者的购买动机；消费者购买行为，即谁是决定者、购买者和使用者；消费者的购买习惯，即喜欢何时、何地购买等。

3. 竞争对手调查

竞争对手的数量，包括生产与本企业相同的、类似的以及可替代产品企业；竞争对手的市场占有率；竞争对手的竞争力，主要是企业的规模、资金、财务状况、技术设备、人才结构、管理水平等内容；竞争对手的市场营销组合策略；竞争对手的竞争策略与手段；竞争对手的产品设计能力、工艺能力，产品的质量、数量、品种、规格、花色、成本、价格、服务，以及新产品的开发与发展动向；潜在竞争对手出现的可能性。

（二）宏观方面的调查内容

1. 经济环境

国民经济发展状况，包括国民生产总值、工农业生产总值、国民收入、发展速度、基建规模、主要产品产量等；消费者收入水平。如个人收入、家庭收入、人均收入、个人可支配收入，个人可任意支配收入等；消费者储蓄水平与现金持有水平以及消费者信贷状况；消费结构与消费者支出模式及支出水平；利率、汇率、税率等情况。

2. 技术环境

国家有关科研、技术开发的方针、政策及计划等；基础研究、应用研究和开发研究的水平及其趋势；新技术、新工艺、新材料、新设备等的发展趋势及发展速度；新产品的技术现状及更新换代的速度；技术引进与技术改造的现状与发展速度。

3. 政治与法律环境

政治体制与经济体制、经济运行方式；国家制定的方针与政策，如产业政策、财政政策、信贷政策、金融政策、税收政策等；政府颁布的有关法律、法令和法规，如环境保护法、消费者权益保护法、广告法、公司法、经济合同法、海外经济合同法等。

4. 社会与文化环境

教育的普及率及教育水平；宗教信仰；价值观念；消费习俗；文化品位与审美观念。

5. 自然环境

自然环境主要包括原料、材料等资源状况和燃料、动力等能源状况以及环境污染程度等。

6. 人口环境

人口环境主要包括人口数量、人口增长速度、人口密度、地理分布、人口流动性、年龄结构、家庭单位数与家庭结构等。

四、市场调查的步骤

市场调查一般分为调查准备、正式调查和信息处理三个阶段。

(一) 调查准备阶段

调查准备阶段又可分为确定调查主题、拟定市场调查计划、培训调查人员、非正式调查等阶段。

1. 搞好市场调查，必须针对本企业的具体情况确定好调查主题

如果选题发生错误，则整个调查将成为无效劳动。因此，调查前要在综合分析的基础上，确定好调查主题。调查主题一般根据调查的目的，并经过初步情况分析后加以确定。初步情况分析

主要是为了确定调查主题，使调查更具有针对性，并对企业内部和外部情况进行初步摸底。

2. 拟定市场调查计划

调查前必须拟好调查计划，计划要具体、明确。调查计划包括：(1) 明确调查的目的；(2) 确定调查对象；(3) 选择调查和搜集资料的方法；(4) 明确调查日期，特别是完成时间；(5) 作出调查经费预算及规定作业进度安排。这些内容要以《调查项目建议书》的形式报主管领导批准后实施。

3. 培训调查人员

调查人员的素质对调查质量关系重大。因此，必须确定合适的人选并采取有效的方法进行培训。

4. 非正式调查，也称试探性调查

调查人员根据调查主题，应在小范围内做一些试探性的调查，如访问有关专家、中间商和推销员，征求用户和销售人员的意见等。如在非正式调查时就把问题症结找到且获取了足够的信息资料，就不必进入正式调查；否则需进入正式调查阶段。

5. 设计调查表格

调查表是整个调查工作的一个重要工具。调查表设计得好坏，直接影响到信息收集的准确性和调查效果。设计要既具有科学性又具有艺术性。调查表的提问要避免抽象，尽可能具体，文字要简练、通俗易懂等。

(二) 正式调查阶段

市场调查计划批准后，就进入正式调查阶段。调查内容为：

1. 组织安排好调查力量

目前，我国的市场调查力量一般由调查单位自己组织。在有条件的地方，可委托专门的市场调查机构进行调查。

2. 发放调查表格

调查表发放目标既要有针对性又要有普遍性，这将直接影响到信息收集的准确性和调查效果。在发放调查表时要考虑调查对象的方便，注重表格发放的方法和回收方式，避免走过场，提高调查表回收率和调查结果的准确性。

3. 抽样设计

企业在市场调查中普遍采用抽样调查，即从被调查总体中选择部分样本进行调查，并用样本特性推断总体特性。为了科学地进行抽样调查，应设计合适的抽样方法和样本容量。

4. 收集各种资料

市场调查的各种资料，可分为原始资料和现成资料两大类。原始资料是从实地调查中所得到的第一手资料；现成资料是从他人或其他单位取得的、已经积累起来的第二手资料。使用现成资料可以节约时间和经费，应尽量采用，不足时可实地调查获取原始资料予以补充。

5. 现场实地调查，即现场收集资料

在现场调查中，要给调查人员分工，并掌握调查进度，保证调查质量。

（三）信息处理阶段

1. 编辑整理

在情报资料的编辑过程中，首先要检查调查资料的误差。产生误差常常是不可避免的，其原因一般有两种：（1）抽样误差，它是由样本结果推算总体而产生的误差；（2）非抽样误差，比如统计计算错误，调查表内容设计不当，谈话记录不完整，访问人员的偏见，被调查人员问答不认真所造成的误差。应对信息资料进行评定，即审核其根据是否充分，推理是否严谨，阐述是否全面，观点是否成熟等，以保证信息资料的真实与准确。

2. 分类

为了便于查找、归档、统计和分析，必须将经过编辑整理的资料进行分类编号。如果资料采用计算机处理，分类编号就更为重要。

3. 统计

将已经分类的资料进行统计计算，以便利用和分析。

4. 分析

运用调查所得出的有用数据和资料，分析情况并得出结论。

5. 编写调查报告

将调查所得出的结果及其分析结论和建议，编写成调查报告形式提交给有关部门和领导，以便作决策时参考。在编写调查报告时须注意以下原则：（1）突出调查主题；（2）调查内容要客观，且重点突出，抓住核心；（3）文字简练，方案简明易懂；（4）报告结构合理、严谨、完整；(5)计算分析步骤清晰，结论明确；(6)善于利用易于理解的图、表说明问题。

第二节　市场调查方法

一、访问法

也称询问法。它是以询问的方法作为调查的手段，将所要调查的内容，以面谈、电话、书面等形式向访问者提出，以获取需要的资料。可分为人员访问、电话调查、邮寄调查等。

二、观察法

这是调查人员直接到调查现场进行观察的一种调查方法。在观察的同时，可以借助照相机、摄像机、录音机等进行现场拍摄和录音，这种方法不直接向被调查者提出问题，而是从侧面观察、旁听，记录现场发生的事实，了解被调查对象的态度、行为和习惯做法。

三、单纯随机抽样

这是机率抽样中较简单的一种，通常采用是机率相等的抽签法和随机号码表达法（乱数表法）。抽签法一般是对总体各单位先编出签号，然后用各种方式随机抽签来确定抽取的单位，或者利用骰子的转动指明要抽取的样本号。乱数表法是把0—9的数字随机排列成一张表，表内任何号码的出现都是等概率的，可以从表中任意指定一位数字，以此开始按上下左右一定的间隔抽取所需要的样本数。

四、分层随机抽样

这是将调查总体各单位按主要标志分组，然后在各组中采取随机抽样或机械抽样（等距抽样）方式，确定所要抽取的单位。

五、分群随机抽样

即每次抽取的单位不是一个而是一群。分群随机抽样与分层随机抽样的要求不同，分层随机抽样要求各层次之间有较大差异性，便于区分，分群随机抽样却尽量要求各群体之间具有相同性，每一群体内部的分子具有差异性。

六、非机率抽样

这是指机率抽样范围以外的方法，在实践中运用的比较普遍，它往往要求每一个样本被抽取的机会相等，由任意抽样法、判断抽样法和配额抽样法组成。

七、任意抽样法

也叫便利抽样法，其样本的选择可以根据调查人员的方便而定，如在街头上向行人直接询问调查。这种方法虽然简便，节省费用，但抽样偏差大，结果的可信程度低，一般多用于正式调查之前的准备工作。

八、判断抽样法

这是为市场调研者根据其主观判断而选定样本的方法，通常此法是根据长期的经验判断进行抽样。

九、配额抽样法

它是非随机抽样法中最流行的一种，有些类似分层抽样。首先将总体中的所有单位按一定的标志分为若干类，然后在每类中用任意抽样或判断抽样方法选取样本单位。与分层抽样不同的是，配额抽样不遵循随机性原则，而是主观地确定调查对象的分配比例。

十、实验法

是通过实验对比来取得市场调查资料的一种方法。一般是从影响调查问题的许多因素中选出一至若干个并将其置于一定的条件下进行小规模的实验，然后对实验结果进行分析比较，研究是否值得大规模地推广。实验调查是一种较好的，行之有效的方法，具体办法有试用、试戴、试穿、试看、尝试、试听、现场表演，举办产品展销会和产品质量对比、评比会，设立新产品试销门市部、新产品试销专柜等。

第三节　市场调查资料的整理和分析

一、编辑整理

在情报资料的编辑整理过程中，首先要检查调查资料的误差。产生误差常常是不可避免的，其原因一般有两种：

1. 抽样误差，它是由样本结果推算总体而产生的误差。

2. 非抽样误差，比如统计计算错误，调查表内容设计不当，谈话记录不完整，访问人员的偏见，被调查人员问答不认真所造成的误差。应对信息资料进行评定，即审核其根据是否充分，推理是否严谨，阐述是否全面，观点是否成熟等，以保证信息资料的真实与准确。

二、分类

为了便于查找、归档、统计和分析，必须将经过编辑整理的资料进行分类编号。如果资料采用计算机处理，分类编号就更为重要。

三、统计

将已经分类的资料进行统计计算，以便利用和分析。

四、分析

运用调查所得出的有用数据和资料，分析情况并得出结论。

五、编写调查报告

1. 将调查所得出的结果及其分析结论和建议，编写成调查报告形式提交给有关部门和领导，以便作决策时参考。

在编写调查报告时须注意以下原则：(1) 突出调查主题；(2) 调查内容要客观，且重点突出，抓住核心；(3) 文字简练，方案简明易懂；(4) 报告结构合理、严谨、完整；(5) 计算分析步骤清晰，结论明确；(6) 善于利用易于理解的图表说明问题。

2. 调查报告的内容一般包括以下几个方面：(1) 调查报告摘要或概述；(2) 调查的目的和范围；(3) 调查结果分析及结论，包括调查所采用的方法、取样方法、关键图表和数据、分析的结论等；(4) 提出的建议；(5) 附录必要的附件，包括附属图表、公式、附属资料及鸣谢等。

思 考 题

1. 市场调查的内容有哪些？
2. 市场调查的步骤是什么？
3. 市场调查的方法有哪些？

参考文献：

1. 韦恒主编：《市场营销学》，哈尔滨出版社，2001 年 4 月版。
2. 吴健安主编：《市场营销学》，中国教育出版社，2000 年版。

第二章　建立客户与谈判定约

第一节　与客户进行有效沟通

一、与客户有效沟通的方法

农民经纪人是一个很特殊的职业，不但要有极强的服务意识，更要与客户进行有效沟通，彼此建立充分的信任关系，而这种信任关系的建立需要平时的积累，绝不是一朝一夕就能解决的。正确运用语言文字、学会有效聆听和当面交谈的方法就是进行有效沟通、建立信任关系的好方法。

（一）正确运用语言文字

1. 使用的语言文字要真挚动人、具有感染力。

2. 使用语言文字要意义准确，切忌含糊不清、模棱两可，避免产生歧义。

3. 语言纯朴，切忌滥用词藻。

4. 努力做到措词得当，通俗易懂。

5. 酌情使用图表。

6. 尽量使用短句，少用或不用长句，否则使人产生累赘之感，不利于意见沟通。

7. 叙事说理，做到言之成理，论之有据，条理清楚，力戒逻辑混乱，文理不通。

8. 语言文字要净化，力戒粗言秽语。

9. 交谈中涉及对方生疏的人名、地名等要讲得慢，重要的人名、地名可以重复。

10. 交谈中人称要明确，交待清楚是第一人称还是第三人称，以免造成对方误解。

（二）学会有效聆听的方法

1. 少讲多听，保持沉默和冷静，不要打断对方讲话，最好不要插话。

2. 设法使交谈轻松，使讲话人感到舒畅，以消除拘谨和不安情绪。

3. 表示出聆听的兴趣和礼貌，不要显示出冷淡和不耐烦。

4. 尽可能排除外界干扰，避免因干扰使谈话中断，否则可能造成无法弥补的损失。

5. 与对方进行心理位置交换，站在对方立场上考虑问题，这样容易达成理解和谅解，沟通效果好。

6. 要有耐心，不要对对方意见妄加评论。

7. 在必要时，提出问题以显示在充分聆听和求得了解。

（三）学会当面交谈的有效方法

1. 选择适当的交谈地点。

2. 交谈要有充分的时间，不要仓促草率。

3. 把握好交谈开始时的内容，形成一个良好的开端。

4. 交谈的主要内容要明确、集中，不可离开专题内容去谈与此无关的事。

5. 交谈结束，要有礼貌地告辞或送行。

二、与客户沟通的3种模式

如何与客户建立有效的沟通，这是一个长久以来困惑经纪人的问题。下面介绍3种不同的沟通模式：礼貌待客式、技巧推广式、个性服务式。

为了更好的理解这3个模式，下面举一个简单的例子。

有一个奶制品专卖店，里面有3个服务人员，小李，大李和老李。当您走近小李时，小李面带微笑，主动问长问短，一会儿与您寒暄天气，一会儿聊聊孩子的现状，总之聊一些与买奶无关的事情，小李的方式就是礼貌待客。

而大李呢，采取另外一种方式。他说，我能帮您吗？您要哪种酸奶？我们对长期客户是有优惠的，如果气温高于30℃，您可以天天来这里喝一杯免费的酸奶。您想参加这次活动吗？大李的方式是技巧推广式。

老李的方式更加成熟老到。他和您谈论您的日常饮食需要，问您喝什么奶，是含糖的还是不含糖的？也许您正是一位糖尿病人，也许您正在减肥？而老李总会找到一种最适合您的奶制品，而且告诉您如何才能保持奶的营养成分。老李提供的是个性化的沟通模式。

那么，您认为以上3种模式哪一种更适合你呢？哪一种是最有效的方式呢？这3种模式之间的内在联系是什么？以下的调查也许与您的直觉不大一样。

其中一个问题是销售人员所使用的非语言服务是否始终与语言服务保持一致。如果二者是一致的，这3种模式就会起到非常好的效果。有些研究表明技巧推广式更能为企业带来效益。但是，如果提供的语言和非语言服务信息不一致时，客户则倾向于相信非语言反映出来的服务信息。也就是说，如果销售人员被训练得看起来礼貌待客，但可能身体语言流露出了他内心里并不喜欢他的工作，也不喜欢与客户打交道，那么礼貌待客就失去了意义。同样，技巧推广式也会由于销售人员的不友善或漫不经心而达不到预期效果。只有个性化服务才能足以将语言及非语言信息完美结合，这是销售人员与客户因长期交流而建立起深层关系的缘故。

销售人员最重要的口头沟通是开场白和结束语。因为人们在沟通时易于记住刚开始和最后发生的事情。所以销售人员与客户沟通时，要特别注意开始时的礼貌寒暄和最后的结束语。

（一）礼貌待客式

讲究即时应对，包括时间即时、空间即时和语言即时。所谓时间即时就是说向走进来的客户及时打招呼。如，只要客户向销售窗口走近 1 米之内，就要在 5 秒钟之内打招呼，以便让客户感受到您的热情接待。空间即时就是在距离上接近客户，接近的程度要根据各地的文化背景不同而有所区别。语言即时就是客户以不同方式表示出有问题时，能够迅速应答，而不能说："那不是我部门的事"或者"我不是您要找的人"，很小的语言差异往往导致完全不同的结果。所以最好使用积极的语言，如"咱们一起来看看是什么问题"，就比使用被动语言"这个问题是得琢磨琢磨"要有礼貌得多。

（二）技巧推广式

调查人员列出至少 15 种以上的方式来掌握客户与销售人员的沟通技巧。如承诺、威胁、荣誉感、积极的尊重、消极的尊重等，都与人性的弱点有关。销售人员要充分了解人性的特点并把它们融入到销售语言中，激发起消费者的喜爱。

调查显示：多数成功的推销用语都有如下规律：创造需求

——引发兴趣——唤起欲望（通过任何一种人类需要），最后是采取行动。

非语言信息在与客户沟通的过程中甚至可以影响客户的潜在情绪。如在鸡尾酒会上，那些笑容灿烂的服务员所得到的小费平均比微笑少的服务人员多2倍。同样，把找回给客户的零钱放在客户的手心里，或者客户买单时拍拍客户的肩膀同样可多拿10%的小费。接近客户，或者蹲下来与客户目光接触，同样会提高小费数目。

（三）个性化的沟通模式

这是最有效的模式，但却需要多培训、多练习。与其他模式一样，它的有效性也会由于销售人员不易察觉的歧视而大打折扣。对零售业的调查显示，肥胖客户，穿着不讲究者，与销售人员（如性别、人种、档次、年龄）不同者，还有具有挑衅性的客户都不会受到及时、礼貌的服务待遇。而对妇女的服务不如对男人来得快，对身体残疾的要好于身体健康的。所有这些均说明只有通过培训才能逐渐消除服务中的差异。

第二节 组 织 谈 判

一、谈判概述

（一）谈判的含义

谈判就是社会中的有关组织或个人，对涉及切身利益的分歧和冲突进行磋商，寻求解决途径和达成协议的过程。

随着社会的发展，在市场经济的条件下，经济贸易的往来不断增加，特别是经济合作和竞争因素的增加，相互之间不可避免地出现不同程度的冲突、争端。于是，谈判就成了经济领域中越来越普遍的现象和常用手段。通过谈判去获得利益，满足需要乃至击败竞争对手，都是一种正当的经济行为。

（二）谈判的特征

谈判既是竞争手段，又是斗争艺术。谈判的内容是丰富的，大到政治、军事、经济大事，小到日常生活琐事，无所不可谈判；谈判的过程是复杂的，举手投足间的一个失误，便可导致全盘皆输；谈判的技术是多变的，对不同的谈判对手照葫芦画瓢地重施故伎，只能得到东施效颦的结果。然而，谈判从整体来说，还是有其规律可循的。它的主要特点如下：

1.“施”与“受”的互动性

谈判是“施”与“受”兼而有之的一种互动过程。单方面的施舍或单方面的承受（无论是自愿的还是被动的），都不能算做是一种谈判。因为谈判涉及的必须是“双方”，所寻求的是双方互惠互利的结果，即谈判双方的部分或全部需要得以实现。这不是“我赢你输”或“我输你赢”的单利性结果，而是“我赢你也赢”，双双获利的结果。对谈判来说，这个原则应始终贯穿于全过程。

2.“合作”与“冲突”的二重性

谈判是建立在双方有某些需要而又期望得以实现的基础上的。因此，为使谈判能达成对双方都有利的协议，谈判各方必须具备一定程度的合作诚意，即谈判各方在谈判过程中只有相互合作，各自作出相应的让步，才能达成一致，得以各得其利。否则，谈判不成功，双方都无所受益。

但是，谈判各方又都希望能在对己方最有利的条件下达成一致，即希望自己能从谈判达成的协议中获得尽可能多的利益。这样，谈判各方必然要处于利害冲突的对抗状态中。因此，任何一种谈判均含有一定程度的合作和一定程度的冲突，谈判是双方合作与冲突的对立统一。

3. 互惠的非均等性

谈判是互惠的，同时又是不均等的。谈判是一个双方通过不断调整各自的需要和利益而相互接近、争取最终达成一致意见的过程；谈判双方都对对方有所需求，如果谈判结果只是一方获利、一方失利，即非互惠的，谈判就会破裂，甚至双方根本不会坐下来谈。只有双方都能从对方的承诺中获得自己的利益，谈判才会真正取得进展。但谈判的结果又不可能做到绝对平等，可以说总是不平等的，即谈判双方的一方可能获利多些，另一方获利少些，这主要取决于谈判各方的实力，客观形势和谈判策略技巧的运用，以及谈判人员的素质、能力、经验、心理状态、感情等众多因素。

（三）谈判的模式

谈判桌上的人都只想赢而不愿输。但是，不愿输并不等于不会输；一个是主观愿望，而另一个则是客观现实。谈判中要实现赢的目的，不仅取决于谈判时的技巧性手段，更重要的还取决于人的心态及其对谈判规律性的认识与把握。不择手段的结果，可能会获得暂时的利益，但终究难以长久。

在对谈判的可能性结果分析的基础上，可以将谈判的模式分为以下 3 种：

1. “输—赢”模式

这种模式也被称为胜/负矩阵。谈判的结果是一方获胜和另一方失败。这种独惠的谈判模式，即甲乙双方首先各自宣布立场，然后一方面维护自己的立场，另一方面设法迫使对方作出让步，最后则以一方妥协的方式达成协议，形成“一输一赢”的局面。如若妥协不成，则谈判随之破裂。

2.“赢—赢”模式

这种模式，谈判双方都从谈判中获得一定的利益，双方都是谈判的胜利者，即甲乙双方首先认定自身的需要和双方的需要；然后与对方共同探寻满足双方需要的各个可行途径；最后，决定是否接纳其中的一个或几个途径。其结局常常为“你赢我也赢”。虽然收益比例可能有所不同，但双方都从谈判中得到了实惠。

3.“输—输”模式

实际谈判有不少都归属于这一类型。即谈判双方从本来可以得益的谈判中都没有获得任何收益，双方都坚持自己的立场不肯让步或只作微小的让步，结果导致未能达成协议或是达成了一个双方都不十分情愿的协议。

持“输—赢”独惠模式观念的谈判者，往往视谈判对手为敌人，追求的目标是自己单方获胜。不信任谈判对手，对谈判对手及谈判主题均采取强硬态度，藉底牌以误导对手，对对手施加压力，坚持立场，以自身受益作为达成协议的条件，因而谈判成功率很低，常常会使谈判变成“输—输”的结局。

而持“赢—赢”互惠模式观念的谈判者，则常常视谈判对手为问题的解决者，追求的目标是在顾及效率和人际关系之下达成满足需要的协议。对对手提供的材料取审慎的态度，对对手温和，但对谈判主题采取强硬态度。不掀底牌，讲道理，但不屈服于压力。眼光在利益上而非立场上，探寻共同利益，所以成功率较高。

采用不同的谈判模式，具有不同的心态将导致不同的结果。在实际谈判桌上，有时一个想要获得95%的利益的人实际所得，可能并不比一个要求获得30%利益的人多，谈判技巧的魅力正在于此。只想得利不愿付出，其结果，只要对手拒绝合作，则所想获得的95%的利益便只能是空想。

因此，谈判者应努力使谈判过程成为一个合作的利己的不断协调互动的过程，巧妙地说服对方与自己进行特定方式的合作，主动引导双方的立场和利益相互靠近或相互依存，以期达成各方面都能接受的协商结果或行动规则。在一场成功的谈判中，每一方都是胜利者；而在一场失败的谈判中，则可能每一方都是失败者。不能容忍对方利益的谈判者是不能顺利或持久地获得自己利益的。所以，当我们为了某种目的而和对方谈判时，必须考虑到对方利益，这样，我们成功地实现自己目标的可能性便会大大提高。

二、谈判前的语言准备

谈判是一种心理战，也是一场知识、信息、口才、修养等诸方面的较量和才干的角逐。成功的谈判有赖于事先充分的准备。

（一）知己知彼

谈判之前，应详尽地了解自己和对方的优劣、意图、需求，以及可能作出多大的让步等情况，只有“知己知彼”才能“百战不殆”。

知己方面的准备，主要是根据自身的需要来确立目标。谈判都是以目标的实现为导向的。目标一般分三个层级——第一目标，即最终目标。这是谈判必须要达到的利益目标，一般来说毫无讨价还价的余地。这一目标的实现，决定谈判的价值。第二目标，即一般目标。这是要争取达到的利益目标，一般在万不得已的情况下才考虑放弃。第三目标，即理想目标。这是不影响整体利益的目标，在必要时往往可以放弃。

知彼方面的准备，主要是设法了解谈判对手各种情况，摸清对方的底细。应该尽一切可能，准备好各种有关的情报资料，并可通过研究他们的历史资料把握线索顺藤摸瓜，预测其谈判立场。当年美国总统肯尼迪为前往维也纳同苏共总书记赫鲁晓夫举行首次会谈作准备时，曾将赫鲁晓夫的全部演讲和公开声明进行了研究，还研究了苏共其他领导人的全部资料，甚至包括他们的个人爱好和兴趣等。情报的积累和分析，使谈判者能胸有成竹，在谈判中处处占有优势。

（二）谈判时间语的选择

谈判时间适当与否，对谈判效果影响很大。以下几种情况，可作选择谈判时间语的参考：

1. 避免在身心处于低潮时进行谈判。例如夏天的午饭后，是人们需要休息的时候。

2. 避免在一周休息日后的第一天早上进行谈判。因为这个时候人们在心理上可能仍未进入工作状态。

3. 避免在连续紧张工作后进行谈判，这时人们的思绪比较零乱。

4. 避免在身体不适时（特别是牙痛时）进行谈判，因为身体不适，很难使自己致力于谈判之中。

（三）谈判地点语的选用

谈判地点语的选用，往往涉及一个谈判的环境心理因素问题。有利的场所能增加自己的谈判地位和谈判力量。人们发现动物在自己的“领土内”，最有办法防卫自己。人，也是一种有领域感的动物，他与自己所拥有的场所、物品等有着密不可分的联系，离开了这些东西，他的感情和力量就会有无所依附之感。美国心理学家泰勒尔和他的助手兰尼做过一次有趣的实验，证明许多人在自己客厅里谈话，比在别人客厅里更能说服对方。因为人们有一种心理状况：在自己的所属领域内交谈，无需分心于熟悉环境或适应环境。而在自己不熟悉的环境中交谈，往往容易变得无所适从，导致出现正常情况下不该有的错误。所以，对一些决定性的谈判，若能在自己的地点内进行，则是最为理想的；但若争取不到这个地点，则至少应选则一个双方都不熟悉的中性场所，以减少由于“场地优势”导致的错误，避免不必要的损失。最差的谈判地点，则是在对方的“自治区域”内。如果说，这项谈判将要进行多次，那谈判地点应该依次互换，以示公平。

另外，谈判环境的选择（即“空间语”）也很重要。选择谈判环境，一般看自己是否感到有压力，如果有，说明环境是不利的。不利的谈判场所包括：嘈杂的环境、极不舒适的座位、谈判房间的温度过高或过低、不时有外人搅扰、环境陌生而引起的内心焦虑，以及没有与同事私下交谈的机会等。这些环境因素会影响谈判者的注意力，从而导致谈判的失误。

（四）谈判界域语的选择

谈判的座次位序，是一个比较突出、敏感的界域语问题，一个敏锐的观察者会试着去了解座位的安排，并且会去研究它们究竟有着什么样的意义。

谈判中的座次位序包含两层含义：一是谈判双方的座次位置；二是谈判一方内部的座次位置。

谈判双方的座次位置安排，应充分体现主宾之别。按照我国传统文化中以左为尊、座北朝南为主，座南朝北为客的习惯，应让客方坐在左侧或南侧，以使对方有被尊重之感，增强谈判中的友好气氛。如果谈判是在异地举行，则应尊重当地风俗和主人的安排。

谈判一方内部的座次位置安排，一般是主谈者或拍板者坐在中间位置，其余的人沿其左右依次而坐，也有一种是主谈者居中，其余的人围其而坐。两种安排各有特点，前者比较庄重严肃，后者凝聚力强烈，能提高“士气”。

三、掌握客户的心理演变

使毫无购买打算的人，采取购买行动，一直是经纪人足以自豪的本领。顾客从毫无购买意图到采取购买行动的演变过程，是由一系列购买心理所支配的。成功的经纪人则善于分析顾客的心理演变过程，因势利导，把顾客引向购买，达到推销的目的。顾客购买心理的演变过程一般可分为8个阶段：

（一）注意

这是顾客购买心理演变的最初阶段。经纪人如果没有足够引起顾客对产品的注意，那就一切都谈不上了。引起顾客对产品注意的方法和手段是很多的。例如，常见的口头介绍商品，或是让顾客看产品资料或宣传品等。但最有效的办法是让顾客主动接触产品，使顾客能切身体验产品的优点，激发购买欲望。

（二）兴趣

你所推销的产品是否能引起顾客的兴趣，只要细心观察对方的态度、眼神、动作就能够掌握。特别是当顾客开始对产品提出比较深入的询问，十分注意产品结构，甚至亲手操作时，经纪人应保持镇静，不可多说话。这时，经纪人如果单方面进行说明，有时反而引起顾客疑心，经纪人暂时保持缄默乃是上策。如果顾客有询问，则应针对询问的事项加以充分的说明。在这样的情况下，经纪人充满信心的介绍和回答，会很有效地激起顾客对产品的兴趣。

（三）联想

顾客对产品产生兴趣后，往往会出现一些与产品的使用、保养、特性等有关的联想，随后会提出一些相关的问题。这时，经纪人不应有任何犹疑，更不能显露出急于推销而应付的态度，而应该耐心地解释产品的优点和长处，加强顾客对产品的信心。

（四）欲望

一般来说，虽然顾客一看就很喜欢这种产品，但往往都不会在言辞和态度上表露出来，而仍然装着无所谓的样子，目的是想把产品的成交和洽谈引导到对其有利的途径。据调查，女性顾客很容易表现在感情上而易于察觉，但男性顾客往往不形于色。这时，经纪人应静观顾客情绪的变化，而不要贸然多言。如果有意进行试探与说服顾客，不妨问："您认为怎样？各方面都是不错的。"这时，顾客往往会或多或少地表露出其企图隐藏的心境，你就会进一步摸清对方的情绪，选择合适的方式，助长其购买欲望。

（五）比较

进入这个阶段，是顾客把你的产品与其他卖主同类产品进行比较。如果你的产品确实比其他同类产品要好，则顾客就可以下决心购买你的产品了。

顾客的这个心理阶段是带有决定性的，可以说，这个阶段是顾客对你的产品进行最后的"审查"。所以，销售人员万不可听到顾客提出一些问题和想法而对顾客表示冷漠态度，不要认为顾客的这种想法是对你的产品不满意，恰恰相反，这正是顾客已经对你的产品达到 90% 以上的满意，而做最后的判断。在这样的情况下，经纪人更应表现更大的热情，可以说："您的想法很好。"有心的经纪人往往早已准备好自己的产品与别人产品的比较表，把它给顾客看，这时，顾客会感到十分满意。

但是，要注意，在比较产品时，不要对别人的同类产品进行不合实际的贬低。这样顾客才会对你的商品更加信任。否则，顾客会认为你的说明与解释是对别人产品的有意"破坏"，从而引起顾客对你的反感和对你的产品不信任，结果，双方的产品他都不买了。所以，销售人员切忌言不得法。

（六）信念

当顾客通过各方面的比较与考虑，如果对你的产品产生了信心，这时，除非出现什么“决定性”情况而引起顾客产生新的疑虑，顾客是不会改变决定购买的信念的。

（七）决定

这是顾客实际履行购买的阶段，如在订单上签字、盖章或支付定金等。这个阶段中，经纪人最重要的任务是与顾客边聊天，边履行购买手续，在轻松的气氛中度过，把握住时机，达到销售的目的。如经纪人不善于把握时机，而拖延到第二天，这样，如果顾客是属于“慎重型”或“气候型”（多变型），往往因可能出现的某种干扰而发生动摇，改变购买念头。所以，在这个阶段中，不失时机地使顾客完成购买行动，是经纪人惟一的把握要点。

（八）满足

海外行销学专家有一种说法，即顾客购买商品的目的，是为了获得“满足感”。美国的推销书刊中强调：“不是销售商品，而是销售其效用。”能够使顾客获得满足感的，就是商品的效用。顾客对商品的效用感到满意时，这才算是销售的真正结束。因此，为使顾客的“满足感”更加巩固，就必须做好“售后服务”的工作。这样，长期的满足感会促使顾客成为经纪人最好的帮手和支持者，成为义务推销员。

思 考 题

1. 你认为维系客户的方法有哪些？
2. 谈判的语言技巧有哪些？
3. 谈判的策略技巧有哪些？

4. 谈判中有哪些提问方式?

参考文献:

1. 蒋仲群等编著:《现代社交礼仪》,安徽科学技术出版社,2002年10月版。

2. 刘凤玲等著:《社会语用艺术》,暨南大学出版社,2002年版。

3. 黎运汉主编:《公关语言学》,暨南大学出版社,1996年版。

第三章　农产品品级鉴别

第一节　粮食品级鉴别

一、粮食质量标准

（一）优质稻谷（GB/T17891－1999）

1. 优质稻谷分类

根据优质稻谷的品种分为四类：优质籼稻谷、优质粳稻谷、优质籼糯稻谷、优质粳糯稻谷。

2. 优质稻谷质量指标

(1) 优质稻谷分级指标（见表3－1）

表3－1　　优质稻谷分级指标

类别	等级	出糙率%≥	整精米率%≥	垩白粒率%≤	垩白度≤	直链淀粉（干基）%	食味品质分≥	胶稠度mm≥	粒型（长宽比）≥	不完善粒%≤	异品种粒%≤	黄粒米%≤	杂质%≤	水分%≤	色泽气味
籼稻谷	1	79.0	56.0	10	1.0	17.0—22.0	9	70	2.8	2.0	1.0	0.5	1.0	13.5	正常
	2	77.0	54.0	20	3.0	16.0—23.0	8	60	2.8	3.0	2.0	0.5	1.0	13.5	正常
	3	75.0	52	30	5.0	15.0—24.0	7	50	2.8	5.0	3.0	0.5	1.0	13.5	正常

续表

类别	等级	出糙率%≥	整精米率%≥	垩白粒率%≤	垩白度≤	直链淀粉（干基）%	食味品质分≥	胶稠度mm≥	粒型（长宽比）≥	不完善粒%≤	异品种粒%≤	黄粒米%≤	杂质%≤	水分%≤	色泽气味
粳稻谷	1	81.0	66.0	10	1.0	15.0—18.0	9	80	—	2.0	1.0	0.5	1.0	14.5	正常
	2	79.0	64.0	20	3.0	15.0—19.0	8	70	—	3.0	2.0	0.5	1.0	14.5	正常
	3	77.0	62.0	30	5.0	15.0—20.0	7	60	—	5.0	3.0	0.5	1.0	14.5	正常
籼糯稻谷	—	77.0	54.0	—	—	≤2.0	7	100	—	5.0	3.0	0.5	1.0	13.5	正常
粳糯稻谷	—	80.0	60.0	—	—	≤2.0	7	100	—	5.0	3.0	0.5	1.0	14.5	正常

（2）优质稻谷定级

以整粒米率、垩白度、直链淀粉含量、食味品质为定级指标，应达到《优质稻谷分级指标》表的规定；不完善粒、异品种粒、黄粒米、杂质、水分、色泽、气味按 GB1350 规定执行；其余指标，如有两项以上不合格但不低于下一个等级指标的降一级定等；任何一项指标达不到三级要求时，不能作为优质稻谷。

（二）优质小麦—强筋小麦（GB/T17892－1999）

1. 优质小麦—强筋小麦的内涵

优质小麦是指品质优良具有专门加工用途的小麦，且经过规模化、区域化种植，种性纯正、品质稳定，达到国家优质小麦品种品质标准，能够加工成具有优良品质的专用食品的小麦。所谓优质，系指小麦的品质优良。小麦品质主要表现在形态品质、营养品质和加工品质三个方面。形态品质包括形态、整齐度、饱满度、粒色和胚乳质地等。营养品质包括碳水化合物、蛋白质、脂肪、矿物质以及维生素等营养物质的化学成分和含量。加工品质包括磨粉品质、面粉品质、面团品质、烘烤品质和二次加工品质即食品制作品质。小麦品质是一个综合概念，是小麦形态品质、营养品质和加工品质的有机结合。关于小麦品质的优劣，各专业、各学科评价的侧重点不尽相同。磨粉企业看重的是小麦的流变学特征和加工食品的色香味形俱佳，品质优良；营养学家注重小麦的高蛋白质含量和氨基酸组成平衡；生产者看重小麦的高产量和抗逆性。目前为各行业人士共同接受的小麦品质评价主要指标是小麦的容重、湿面筋的含量和质量（收贮企业以籽粒蛋白、湿面筋含量和稳定时间作为三大必备指标）。不同指标的小麦可分别加工强筋和弱筋面粉。一般而言，籽粒蛋白高、湿面筋高的为强筋粉，反之为弱筋粉。优质小麦—强筋小麦是指角质率不低于 70%，加工成的小麦粉筋力强，适合于制作面包等食品。

2. 优质小麦—强筋小麦的质量指标（见表 3－2）

表 3－2　　优质小麦—强筋小麦的质量指标

<table>
<tr><th colspan="3" rowspan="2">项　目</th><th colspan="2">指　标</th></tr>
<tr><th>一　等</th><th>二　等</th></tr>
<tr><td rowspan="8">籽　粒</td><td colspan="2">容重，g/L ≥</td><td colspan="2">770</td></tr>
<tr><td colspan="2">水分，% ≤</td><td colspan="2">12.5</td></tr>
<tr><td colspan="2">不完善粒，% ≤</td><td colspan="2">6.0</td></tr>
<tr><td rowspan="2">杂质，%</td><td>总量 ≤</td><td colspan="2">1.0</td></tr>
<tr><td>矿物质 ≤</td><td colspan="2">0.5</td></tr>
<tr><td colspan="2">色泽，气味</td><td colspan="2">正常</td></tr>
<tr><td colspan="2">降落数值，s ≥</td><td colspan="2">300</td></tr>
<tr><td colspan="2">粗蛋白质，%（干基）≥</td><td>15.0</td><td>14.0</td></tr>
<tr><td rowspan="3">小麦粉</td><td colspan="2">湿面筋，%（14%水分基）≥</td><td>35.0</td><td>32.0</td></tr>
<tr><td colspan="2">面团稳定时间，min ≥</td><td>10.0</td><td>7.0</td></tr>
<tr><td colspan="2">烘焙品质评分值 ≥</td><td colspan="2">80</td></tr>
</table>

（三）优质小麦—弱筋小麦（GB/T17893－1999）

1. 优质小麦—弱筋小麦的内涵

优质小麦—弱筋小麦是指粉质率不低于70%，加工成的小麦粉筋力弱，适合于制作蛋糕和酥性饼干等食品。

2. 优质小麦—弱筋小麦的质量指标（见表3－3）

表3－3 优质小麦—弱筋小麦的质量指标

<table>
<tr><th colspan="3">项目</th><th>指标</th></tr>
<tr><td rowspan="8">籽粒</td><td colspan="2">容重，g/L≥</td><td>750</td></tr>
<tr><td colspan="2">水分，%≤</td><td>12.5</td></tr>
<tr><td colspan="2">不完善粒，%≤</td><td>6.0</td></tr>
<tr><td rowspan="2">杂质，%</td><td>总量≤</td><td>1.0</td></tr>
<tr><td>矿物质≤</td><td>0.5</td></tr>
<tr><td colspan="2">色泽，气味</td><td>正常</td></tr>
<tr><td colspan="2">降落数值，s≥</td><td>300</td></tr>
<tr><td colspan="2">粗蛋白质，%（干基）≤</td><td>11.5</td></tr>
<tr><td rowspan="2">小麦粉</td><td colspan="2">湿面筋，%（14%水分基）≤</td><td>22.0</td></tr>
<tr><td colspan="2">面团稳定时间，min≤</td><td>2.5</td></tr>
</table>

二、粮食检验方法

1. 检验的一般的原则按《GB/T5490－1985粮食、油料及植物油脂检验一般规则》执行。

2. 扦样、分样按《GB/T5491－1985粮食、油料检验扦样、分样法》执行。

3. 色泽、气味鉴定按《GB/T5492－1985粮食、油料检验色泽、气味、口味鉴定法》执行。

4.类型、角质率检验按《GB/T5493－1985 粮食、油料检验类型及互混检验法》执行。

5.杂质、不完善粒检验按《GB/T 5494－1985 粮食、油料检验杂质、不完善粒检验法》执行。

6.出糙率检验按《GB/T 5495－1985 粮食、油料检验稻谷出糙率检验法》执行。

7.黄粒米及裂纹粒检验按《GB/T 5496－1985 粮食、油料检验黄粒米及裂纹粒检验法》执行

8.水分检验按《GB/T5497－1985 粮食、油料检验水分测定法》执行。

9.容重检验按《GB/T5498－1985 粮食、油料检验容重测定法》执行。

第二节　蔬菜品级鉴别

一、绿色食品黄瓜（NY/T 269－1995）

（一）绿色食品黄瓜质量标准

1.绿色食品黄瓜的感官要求（见表3－4）

表3－4　绿色食品黄瓜的感官要求

品质	规格	限度
①同一品种，成熟适度，新鲜脆嫩，果形、果色良好，清洁；②无腐烂、畸形、异味、冷害、冻害、病虫害及机械伤	大：单果重≥200g 中：单果重≥150g 小：单果重≥150g	每批样品不符合品质要求的，按重量计不得超过55%，其中腐烂、异味、病虫害者不得检出，不符合该重量规格的不得超过10%

2. 绿色食品黄瓜的理化要求

见绿色食品黄瓜、番茄、菜豆理化要求。

(二) 绿色食品黄瓜的检验规则

1. 检验规则

(1) 同品种、同规格、同时采收的黄瓜作为一个检验批次。

(2) 报验单填写的项目应与实货相等。凡与货单不符合者，包装容器严重损坏者，应由交货单位重新整理后，再进行抽样。

(3) 每批次需随机取样，抽样方法按 GB8855 中有关规定执行。

2. 检验方法

(1) 检验应在收购 5 日内完成。检验时首先将抽取的样品逐件称重，每件重量须一致，不得低于包装外标志的重量。然后逐件打开，取出黄瓜平放在检验台上，不得重叠，进行检查。

(2) 品种特征、果形、色泽、清洁度采用感官鉴定。

(3) 病虫害、机械伤、腐烂，在果实外部有明显症状，采用目测方法。

(4) 果实品质新鲜程度和弯曲度，用小刀解剖后目测和用尺测量。

3. 判定规则

凡其中一项不符合技术要求的均判为不合格。

二、绿色食品番茄（NY/T 270－1995）

(一) 绿色食品番茄的质量标准

1. 绿色食品番茄等级规格的划分

番茄按其商品品质分等，每等按果重分级（见表 3－5）。

表3－5　　绿色食品番茄的感官要求

等级	品　质	规　格	限　度
一等	具有同一品种的特征，果形、色泽良好，果面光滑、新鲜、清洁、硬实，无异味，成熟度适宜，整齐度较高；无烂果、过熟、日伤、褪色斑、疤痕、雹伤、冻伤、皱缩、空腔、畸形果、裂果、病虫害及机械伤	特大果：单果重≥200g 大果：单果重150—199g 中果：单果重100—149g 小果：单果重50—99g 特小果：单果重＜50g	品质不合格个数之和不得超过5%，其中软果和烂果之和不得超过1%；规格不合格个数不得超过10%
二级	具有相似的品种特征，果形、色泽较好，果面较光滑、新鲜、清洁、硬实、无异味，成熟度适宜，整齐度尚高；无烂果、过熟、日伤、褪色斑、疤痕、雹伤、冻伤、皱缩、空腔、畸形果、裂果、病虫害及机械伤	大果：单果重≥150g 中果：单果重100—149g 小果：单果重50—99g 特小果：单果重＜50g	品质不合格个数之和不得超过10%，其中软果和烂果之和不得超过1%；规格不合格个数不得超过10%
三级	具有相似的品种特征，果形、色泽尚好，果面清洁，较新鲜，无异味，不软，成熟度适宜；无烂果、过熟、严重日伤、大疤痕、严重裂果、严重畸形果、严重病虫害及机械伤	大中果：单果重≥100g 小果：单果重50—90g 特小果：单果重＜50g	品质不合格个数不得超过10%，其中软果和烂果之和不得超过1%；规格不合格个数不得超过10%

2. 绿色食品番茄的理化要求

见绿色食品黄瓜、番茄、菜豆理化要求。

（二）绿色食品番茄的检验规则

1. 检验规则

（1）同品种、同等级、同时间收购的番茄作为一个检验批次。

(2) 报验单填写的项目应与实货相符，凡货单不符，品种、等级混淆不清，包装容器严重损坏者，应由交售单位整理后，再行抽样。

2. 检验方法

(1) 抽样方法采用随机取样，抽样数量按数量抽取。

(2) 将抽取的样品逐件称量，每件重量一致，不得低于包装外标志之重量，若为弥补运输途中自然损耗，可适当多装，但上限不得超过5%。然后将样品逐件打开，取出番茄平铺于检验台上，不可重叠，记录其个数，进行个体检查。

(3) 品种特征、果形、色泽、光滑、新鲜、清洁、绿肩、异味、硬度、成熟度、整齐度采用感官鉴定。

(4) 烂果、日伤、褪色斑、雹伤、冻伤、皱缩、空腔、机械伤用目测,过熟用目测和手摸,畸形果和裂果用目测及测量。病虫害对果实外部有明显症状或外观不明显而对内部有怀疑者,都应取样果用小刀解剖检验,如发现内部症状,则需扩大验果数量。

(5) 果重的检测，先将称取的每件重量减去容器重量，求得每件的净重，再数每件容器所装的果实数，求得每个番茄的平均果重及应在的等级，检查与包装外标志所示的等级是否一致，接着检测果重的限度。

(6) 每批番茄抽样检验后，对不符合该等级标准的番茄，按记录单上记载的各项记录，如一个果实同时具有几种缺陷，则选一个主要缺陷，按一个残次果计算，这样分别计算百分率，百分率则需保留一位小数。

计算公式：

$$\text{单项不合格果（\%）} = \left(\text{单项不合格果数} \Big/ \text{检验批总果数} \right) \times 100$$

不合格果百分率等于各单项百分率的总和。

3. 限度范围

每批受检番茄，按其品质和大小抽样检验，各箱（筐）不合格果百分率按其平均值计算，总的不得超过该等级规定限度范围。如当某容器不合格果百分率超过规定限度时，为避免不合格率变异幅度太大，特作如下规定。

（1）规定限度总的不超过5%和1%者，则任何一容器内果实，不合格果百分率的上限不得超过10%和2%，尤其是烂果与软果之和不得超过2%。

（2）规定限度总的不超过10%者，则任何一容器内果实，不合格果百分率的上限不得超过15%。

（3）如若超过上述规定，则应降到相应的等级或作等外品处理。

三、绿色食品菜豆（NY/T 271－1995）

（一）绿色食品菜豆的质量标准

（1）绿色食品菜豆感官要求（见表3－6）

表3－6　绿色食品菜豆感官要求

色泽	豆荚浅绿，色泽一致
形态	菜豆必须属于同类型，形态完整，荚尾尖部短，荚幼嫩、成熟而不过熟者，清豆荚条形较直、粗细均匀、无擦伤，不许有柔软凋萎、疤痕、病虫害或其他方法所引起伤害
杂质	不得检出

（2）绿色食品菜豆理化要求（见表3－7）

表3-7 绿色食品黄瓜、番茄、菜豆理化要求

项目		指标
氟	mg/kg	≤1.0
砷（以As计）	mg/kg	≤0.2
汞（以Hg计）	mg/kg	≤0.01
镉（以Cd计）	mg/kg	≤0.05
硒（以Se计）	mg/kg	≤0.1
锌（以Zn计）	mg/kg	≤20
稀土	mg/kg	≤0.7
六六六	mg/kg	≤0.05
滴滴涕	mg/kg	≤0.05
杀螟硫磷	mg/kg	≤0.2
倍硫磷	mg/kg	≤0.05
乐果	mg/kg	≤0.5
敌敌畏	mg/kg	≤0.1

（二）绿色食品菜豆检验规则

1．检验规则

（1）同品种、同时采收的菜豆作为一个检验批次。

（2）报验单填写的项目应与实货相等。凡与货单不符合者、包装容器严重损坏者，应由交货单位重新整理后，再进行抽样。

（3）判定规则。凡其中一项不符合技术要求的均判为不合格。

2．检验方法

（1）抽样方法参照GB8855新鲜水果与蔬菜的取样方法及内容物测定中有关规定执行。随机取样数量为1—3kg。

（2）逐件称量抽取的样品，每件重量须一致，不得低于包装

外标志的重量。

(3) 逐件打开包装样品，取出菜豆平放在检验台上进行色泽、形态与杂质的检查。

第三节 果品品级鉴别

一、绿色食品苹果质量标准（NY/T 268-1995）

（一）绿色食品苹果品种鉴别（见表3-8）

表3-8 绿色食品苹果品种鉴别

品种	表面色泽	气味与滋味	外观形态
一类苹果（红香蕉、红金星、红冠、红星等）	色泽均匀而鲜艳，表面洁净光亮，红者艳如珊瑚、玛瑙，青者黄里透出微红	具有各自品种固有的清香味，肉质香甜鲜脆，味美可口	个头以中上等大小且均匀一致为佳，无病虫害，无外伤
二类苹果（青香蕉、黄元帅等）	青香蕉的色泽是青色透出微黄，黄元帅色泽为金黄色	青香蕉表现为清香鲜甜，滋味以清心解渴的舒适感为主；黄元帅气味醇香扑鼻，滋味酸甜适度，果肉细腻而多汁，香润可口，给人以新鲜开胃的感觉	个头以中等大无均匀一致为佳，无虫害，无外伤，无锈斑
三类苹果（国光、红玉、翠玉、鸡冠、可口香、绿青大等）	色泽不一，但均具有光泽，洁净	具有本品种的香气，国光滋味酸甜稍淡，吃起来清脆；而红玉及鸡冠，颜色相似，苹果酸度较大	个头以中上等大均匀一致为佳，无虫害，无锈斑，无外伤
四类苹果（倭锦、新英、秋花皮、秋金香等）	色泽鲜红，有光泽，洁净	具有本品种的香气，但这类苹果纤维量高，质量较粗糙，甜度和酸度低，口味差	一般果形较大

（二）绿色食品苹果质量品质标准

1. 绿色食品苹果果实大小等级标准（见表 3-9）

表 3-9　　绿色食品苹果果实大小等级标准

等级 果型	优等品	一等品	二等品
大型果	≥75MM	≥70MM	≥65MM
中形果	≥70MM	≥65MM	≥60MM

2. 绿色食品苹果果实表面颜色指标（见表 3-10）

表 3-10　　绿色食品苹果果实表面颜色指标

品种 等级	优等品,%	一等品,%	二等品,%
元帅系	浓红 75 以上	浓红 66 以上	浓红 50 以上
富士系	红或条红 75 以上	红或条红 66 以上	红或条红 50 以上
津　轻	红或条红 75 以上	红或条红 66 以上	红或条红 50 以上
乔纳金	鲜红、浓红 75 以上	鲜红、浓红 66 以上	鲜红、浓红 50 以上
秦　冠	红 75 以上	红 66 以上	红 50 以上
国　光	红或条红 66 以上	红或条红 50 以上	红或条红 25 以上

3. 绿色食品苹果果实理化要求（见表 3-11）

表 3-11　　绿色食品苹果果实理化要求

品种 等级	去皮硬度不低于, kg/cm²	可溶性固形物 不低于,%	总酸量不高于,%
元帅系	6.5	11	0.3
富士系	8	14	0.4
津　轻	5.5	13	0.4

续表

等级＼品种	去皮硬度不低于，kg/cm^2	可溶性固形物不低于，%	总酸量不高于，%
乔纳金	5.5	14	0.4
秦　冠	6	13	0.4
国　光	8	13	0.6
金　冠	7	13	0.4
印　度	8	14	0.3
王　林	7	14	0.3

4. 绿色食品苹果果实卫生要求（见表 3－12）

表 3－12　　绿色食品苹果果实卫生要求

项　　目	指　标（mg/kg）
汞（以 Hg）计	≤0.005
镉（以 Cd）计	≤0.03
铅（以 Pg）计	≤0.05
砷（以 As）计	≤0.1
氟（以 F）计	≤0.5
六六六	≤0.05
滴滴涕	≤0.05
敌敌畏	≤0.02
乐　果	≤0.02
杀螟硫磷	≤0.02
倍硫磷	≤0.02

（三）绿色食品苹果等级鉴别（见表 3－13）

表 3-13　　绿色食品苹果等级鉴别

项目	优等品	一等品	二等品
果形	具有本品种应有的特性	允许果形有轻微缺点	果形有缺点，但仍保持本品种果实的基本特征，不得有畸形果
色泽	具有本品种成熟时应有的色泽，各主要品种的具体色泽不同，可有青、黄、红等色		
果梗	果梗完整	允许果梗轻微损伤	允许无果梗，但不得损伤果皮
果径（毫米）	大型果≥70，中型果≥65，小型果≥60	大型果≥65，中型果≥60，小型果≥55	大型果≥60，中型果≥55，小型果≥50
果锈	褐色片锈不超出梗洼，不粗糙；允许轻微而分离的平滑网状不明显锈痕，总面积不超过果面的1/10；无重锈斑	轻微褐色片锈超出梗洼之处，表面不粗糙；允许平滑网状薄层，总面积不超过果面1/5；允许重锈斑最大面积不超过果面的1/20	褐色片锈超过梗洼或萼洼之外，表面轻度粗糙；允许轻度粗糙的网状果锈，总面积不超过果面的1/2；允许重锈斑最大面积不超过果面的1/3
果面缺陷	无缺陷，但允许下列规定十分轻微不影响果实质量或外观的果皮损伤不超过3项：允许十分轻微的碰压伤1处，面积不超过0.5cm²；允许十分轻微的磨伤（枝磨、叶磨）1处，面积不超过0.5cm²；应无水锈和垢斑病，但允许十分轻微的薄层痕迹，面积不超过0.5cm²；允许轻微雹伤1处，面积不超过0.1cm²；应无刺伤、破皮划伤、日灼（日烧病）、裂果、病虫果、虫伤和其他小疵点	允许下列规定未伤及果肉、无害于一般外观和贮藏质量的果皮损伤不超过3项：允许轻微碰压伤，总面积不超过1.0cm²，其中最大处面积不得超过0.5cm²；允许轻微不变黑的磨伤（枝磨、叶磨）面积不超过1.0cm²；允许桃红色及稍微发白的日灼伤面积不超过1.0cm²；允许轻微薄层药害，总面积不超过1.0cm²，不得影响本等级规定的色泽要求；允许轻微雹伤2处，每处直径不超过0.5cm²，总面积不超过0.4cm²；允许风干裂口2处，每处长度不超过0.5cm²；允许干枯虫伤，总面积不超过0.3cm²；允许有5个斑点；应无刺伤、破皮划伤和病虫果	允许下列对果肉无重大伤害的果皮损伤不超过3项：允许不超过0.03cm²的干枯刺伤2处；允许轻微碰压伤，总面积不超过2.0cm²，其中最大处不得超过1.0cm²，伤处不得变褐，对果肉无明显伤害；允许不严重影响果实外观的磨伤（枝磨、叶磨），面积不超过2.0cm²；允许水锈薄层和不明显的垢斑病，总面积不超过1.5cm²；轻微发黄的日灼伤害允许总面积不超过2.0cm²；允许轻微薄层药害总面积不超过2.5cm²，但伤处不软化、未形成表皮肿泡或破裂；允许未破皮或果皮愈合良好的轻微雹伤，总面积不超过2.5cm²；允许风干裂口3处，每处长度不超过1.0cm；允许干枯虫伤总面积不超过1.0cm²；允许有20个斑点；应无病虫果

二、绿色食品鲜梨质量标准（NY/T 423-2000）

（一）绿色食品鲜梨分类

1. 特大型果：苍溪雹梨、雪花梨、金华梨、茌梨等。

2. 大型果：鸭梨、酥梨、黄县长把梨、栖霞大香水梨、山东子母梨、宝珠梨、苹果梨、早酥梨、大冬果梨、巴梨、晚三吉梨等。

3. 中型果：黄梨、安梨、秋白梨、胎黄梨、鸭广梨、库尔勒香梨、菊水梨、新世纪梨等。

4. 小型果：绵梨、伏茄梨等。

（二）绿色食品鲜梨质量标准

1. 绿色食品鲜梨感官质量（见表3-14）

表3-14　绿色食品鲜梨的感官质量

项　目	感　官　质　量
基本要求	各品种的鲜梨都必须完整良好，新鲜洁净，无不正常的外部水分，无异嗅及异味，精心手采，发育正常，具有贮存或市场要求的成熟度
果　形	果形端正，具有本品种固有的特征，果梗完整
色　泽	具有本品种成熟时应有的色泽
果实横径（mm）	特大型果≥80，大型果≥75，中型果≥65，小型果≥55
果面缺陷	基本上无缺陷，允许下列不影响外观和品质的轻微缺陷不超过2项
①碰压伤	允许轻微者一处，其面积不超过0.5cm²，不得变褐
②刺伤、破皮划伤	不允许
③磨伤（枝磨、叶磨）	允许轻微磨伤面积不超过果面的1/12，巴梨、秋白梨为1/8
④水锈、药斑	允许轻微薄层总面积不超过果面的1/12
⑤日　灼	不允许
⑥雹　伤	不允许
⑦虫　伤	不允许
⑧病　果	不允许
⑨虫　害	不允许

2. 绿色食品鲜梨的理化要求（见表3－15）

表3－15 绿色食品鲜梨的理化要求

品种＼指标	果实硬度，N/cm²，（kgf/cm²）	可溶性固形物，%	总酸，%	固酸比
鸭梨	39—54（4.0—5.5）	≥10.0	≤0.16	≥62.5:1
酥梨	39—54（4.0—5.5）	≥11.0	≤0.16	≥110:1
茌梨	63.7—88（6.5—9.0）	≥11.0	≤0.10	≥110:1
雪花梨	68.6—88（7.0—9.0）	≥11.0	≤0.12	≥92:1
香水梨	58.8—73.5（6.0—7.5）	≥12.0	≤0.25	≥48:1
长把梨	68.6—88（7.0—9.0）	≥10.5	≤0.35	≥30:1
秋白梨	107.9—117.7(11.0—12.0)	≥11.2	≤0.20	≥56:1
旱酥梨	69.6—76.5（7.1—7.8）	≥11.0	≤0.24	≥46:1
新世纪梨	54—68.6（5.5—7.0）	≥11.5	≤0.16	≥72:1
库尔勒香梨	54—73.5（5.5—7.5）	≥11.5	≤0.10	≥115:1

3. 绿色食品鲜梨的卫生要求（见表3－16）

表3－16 绿色食品鲜梨的卫生要求

项目	指标
六六六	≤0.05
滴滴涕	≤0.05
甲拌磷	不得检出
对硫酸	不得检出
马拉硫磷	不得检出
杀螟硫磷	≤0.02
倍硫磷	≤0.02
敌敌畏	≤0.02

续表

项目	指标
乐果	≤0.02
砷（以总As计）	≤0.1
铅（以Pb计）	≤0.1
铜（以Cu计）	≤10
锌（以Zn计）	≤5
镉（以Cd计）	≤0.03
汞（以Hg计）	≤0.01
氟（以F计）	≤0.5
铬（以Cr计）	≤0.5

（三）绿色食品鲜梨的等级标准（见表3-17）

表3-17　绿色食品鲜梨的等级标准

项目	优等品	一等品	二等品
果形	果形端正，具有本品固有的特征，果梗完整	果形正常，允许轻微缺陷，具有本品种应有的特征，果梗完整	果形允许有缺陷，但仍保持本品种应有的特征，不得有偏缺过大的畸形果，果梗完整
色泽	具有本品种成熟时应有的光泽，二等品允许色泽较差		
横径（毫米）	特大型果≥70，大型果≥65，中型果≥60，小型果≥55	特大型果≥65，大型果≥60，中型果≥55，小型果≥50	特大型果≥60，大型果≥55，中型果≥50，小型果≥45

续表

项目	优等品	一等品	二等品
果面缺陷	基本上无缺陷，允许有下列不影响外观和品质的轻微缺陷不超过2项：允许有1处轻微碰压伤，其面积不超过0.5cm²，不得变褐；允许有轻微的磨伤（枝磨、叶磨）其面积不超过果面的1/12，巴梨、秋白梨为1/8；允许有轻微薄层的水锈、药斑，面积不超过果面的1/12;不得有刺伤、破皮划伤、日灼、雹伤、虫伤、病害、食心虫害等	允许有下列规定的缺陷不超过3项：允许有轻微碰压伤两处，总面积不超过1.0cm²，不得变褐；允许轻微磨伤（枝磨、叶磨）其面积不超过果面1/8，巴梨、秋白梨为1/6；允许轻微薄层水锈、药斑，总面积不超过果面1/8；允许有桃红色或稍微发白的白灼斑不超过1.0cm²；允许有1处轻微雹伤面积不超过0.5cm²；允许干枯虫伤2处，总面积不超过0.2cm²，不允许有刺伤、破皮划伤、病害和食心虫害	允许下列规定的缺陷不超过3项：允许3处轻微碰压伤，总面积不超过2.0cm²，每处不超过1.0cm²，不得变褐；允许轻微磨伤（枝磨、叶磨）面积不超过果面的1/4；允许轻微薄层水锈和药斑总面积不超过果面的1/4；允许轻微的日灼伤害总面积不超过3.0cm²，但不得有肿泡、裂开或伤部果肉变软；允许2处轻微雹伤总面积不超过2.0cm²；干枯虫伤处数不限，总面积不超过1.0cm²；不允许有刺伤、破皮划伤、病害和食心虫害

三、绿色食品鲜桃质量标准（NY /T 424－2000）

（一）绿色食品鲜桃的感官要求（见表3－18）

表3－18　　绿色食品鲜桃的感官要求

项目	指标
质量	果实充分发育，新鲜清洁，无异常气味或滋味，不带不正常的外来水分，具有适于市场或贮存要求的成熟度
果形	果形具有本品种应有的特征

续表

项目		指标
色泽		果皮颜色具有本品种成熟时应具有的色泽
横径（mm）		极早熟品种≥60 早熟品种≥65 中熟品种≥70 晚熟品种≥80 极晚熟品种≥80
果面		无缺陷（包括刺伤、碰压、磨伤、雹伤、裂伤、病伤）
容许度	产地验收，%	≤3
	发货站验收，%	≤5

（二）绿色食品鲜桃的理化要求（见表3-19）

表3-19　绿色食品鲜桃的理化要求

项目	极早熟品种	早熟品种	中熟品种	晚熟品种	极晚熟品种
可溶性固形物（20℃），%	≥8.5	≥9.0	≥10.0	≥10.0	≥10.0
总酸（以苹果酸计），%	≤2.0	≤2.0	≤2.0	≤2.0	≤2.0
固酸比	≥10	≥10	≥10	≥10	≥10

（三）绿色食品鲜桃的卫生要求（见表3-20）

表3-20　绿色食品鲜桃的卫生要求

项目	指标（mg/kg）
砷	≤0.1
铅	≤0.05
镉	≤0.03
汞	≤0.005

续表

项目	指标（mg/kg）
氟	≤0.5
铬	≤0.1
六六六	≤0.05
滴滴涕	≤0.05
敌敌畏	≤0.1
乐果	≤0.5
多菌灵	≤0.2
溴氰菊酯	≤0.05
氯氰菊酯	≤1.0
氰戊菊酯	≤0.1
杀螟硫磷	不得检出
倍硫磷	不得检出
马拉硫磷	不得检出
对硫磷	不得检出
甲拌磷	不得检出
氧化乐果	不得检出

四、绿色食品柑橘质量标准（NY/T 426－2000）

（一）柑橘分类及特征

柑橘类果品中经济价值较高的有柑、橘、甜橙、柚、柠檬、金橘等。以下这六类柑桔的感官特点分别作介绍。

柑——外观果形较桔子大，且近似于球形，皮为橙黄色，皮质粗厚、表面凹凸不平而且不易剥开，桔络较多，瓤汁多而味甜，核为白色，种仁为绿色。著名品种有芦柑、蕉柑、温州蜜柑等。

橘——果形小而较扁，皮呈朱红色或橙黄色，皮质细薄、较平滑且无坚硬感，瓣与皮容易剥离，果心不实，橘络较少，滋味酸甜，核尖而细。我国以南丰蜜橘为上品。

甜橙——又名广柑，果形中等，呈圆形或长圆形，皮稍厚而光滑润泽，皮与果肉结合较紧，难以剥离，果心无实，核与种均呈白色，果肉汁多，瓤瓣界限不分明，味酸甜可口，耐储藏。在我国以红江橙为上品。

柚——又名文旦，果形较大，呈不规则圆球或梨形，似葫芦状，皮质粗糙而肥厚（可达 1cm），皮与肉难以分离，成熟时多为黄色或橙色，肉质有白色和粉红色两种，核大而多，汁液少，味酸甜，有时也会稍带苦味，极耐储藏。在我国以沙田柚为上品。

柠檬——个头中等，果形椭圆，两端均突起而稍尖，似橄榄球状。皮肉难以剥离，成熟者皮色鲜黄，具有浓郁的香气。汁液较酸，主要供冲调饮料时调味用，也可用来提取芳香油和柠檬酸。

金橘——形体小，稍呈椭圆，果实个头与核桃相仿，肉质紧密，与外皮不易剥离，一般都带皮食用，核少或无核，颜色由表到里均为橙黄或金黄色，味酸甜，口感细脆，脉络极少，带有柑橘类特有的清香味。

（二）绿色食品柑橘质量标准

1. 柑橘感官质量标准（见表 3－21）

表 3－21　　绿色食品柑橘感官质量标准

项　目	指　　标
果　形	具该品种特征果形，形状一致，果蒂完整、平齐、无萎蔫现象
色　泽	全果着色，色泽均匀，具该品种成熟果实特征色泽
果　面	果面鲜洁，无日灼伤、刺伤、虫伤、擦伤、碰压伤、裂口及腐烂现象
果　肉	脆嫩或柔软，具该品种特征颜色，无枯水、粒化现象
风　味	味甘甜或甜酸适度，具该品种特征香气
缺陷果容许度	批次产品中严重缺陷果不超过 15%，其中腐烂果不超过 1%，一般缺陷果不超过 3%
	缺陷果百分数（%）以果实个数为单位进行计算
	缺陷果在产品提供给消费者前应剔除

2. 绿色食品柑橘理化要求（见表 3－22）

表 3－22　　绿色食品柑橘理化要求

<table>
<tr><th colspan="2" rowspan="2">项　目</th><th colspan="4">指　　标</th></tr>
<tr><th>甜橙类</th><th>宽皮柑橘类</th><th>柚橘类</th><th>柠檬类</th></tr>
<tr><td colspan="2">可溶性固形物，%</td><td>10</td><td>10</td><td>10</td><td>7</td></tr>
<tr><td colspan="2">总酸量，%</td><td>0.9</td><td>0.9</td><td>0.9</td><td>4</td></tr>
<tr><td colspan="2">固酸比</td><td>10:0.9</td><td>10:0.9</td><td>10:0.9</td><td></td></tr>
<tr><td colspan="2">可食率，%</td><td>70</td><td>70</td><td>45</td><td>55</td></tr>
<tr><td rowspan="4">果实横径（mm）</td><td>大果型</td><td>≥65</td><td>≥65</td><td></td><td rowspan="4">62—77</td></tr>
<tr><td>中果型</td><td>≥60</td><td>≥55</td><td></td></tr>
<tr><td>小果型</td><td>≥55</td><td>≥50</td><td></td></tr>
<tr><td>微果型</td><td></td><td>≥35</td><td></td></tr>
</table>

3. 绿色食品柑橘卫生要求（见表 3－23）

表 3-23 绿色食品柑橘卫生要求

项目	指标
砷（以 As 计）	≤0.2
铅（以 Pb 计）	≤0.2
镉（以 Cd 计）	≤0.01
汞（以 Hg 计）	≤0.01
氟（以 F 计）	≤0.5
稀土	≤0.7
六六六	≤0.05
滴滴涕	≤0.05
乐果	≤0.5
敌敌畏	≤0.1
对硫磷	不得检出
马拉硫磷	不得检出
甲拌硫	不得检出
杀螟硫磷	≤0.2
倍硫磷	≤0.02
水胺硫磷	≤0.01
喹硫磷	≤0.02
克线丹	≤0.005
氯氰菊脂	≤1
溴菊脂	≤0.02
氰戊菊酯	≤0.1

（三）绿色食品柑橘等级鉴别（见表3-24）

表3-24　绿色食品柑橘等级鉴别

项目			优等品	一等品	二等品
果形			有该品种典型特征，形状一致	有该品种类似特征，形状较一致	有该品种典型特征，无明显畸形
表面光滑度			果面洁净，果皮光滑	果面洁净，果皮尚光滑	果面洁净，果皮轻度粗糙
色泽			红皮品种为橙红色或朱红色；黄皮品种为金黄色或橙黄色	红皮品种为浅橙红或红色；黄皮品种为黄色或淡黄色	红皮品种为浅橙黄色；黄皮品种为淡黄色或黄绿色
缺陷			痕斑、网纹、锈螨蚧类、药迹和附着物，其分布面积合并计算不超过果皮总面积的1/5，不允许有未愈合的损伤、褐色油斑、褐斑、枯水、水肿、冻伤等一切变质和腐果	痕斑、网纹、锈螨蚧类、烟煤菌迹、药迹等附着物，其分布面积合并计算，不超过以总面积的1/3，不允许有严重的枯水、水肿变质果和腐果	痕斑、网纹、锈螨蚧类、烟煤菌迹、药迹等附着物，其分布面积合并计算，不超过以总面积的1/3，不允许有严重的枯水、水肿变质果和腐果
果实最小横径	甜橙类	大果型	≥65mm	≥60mm	≥60mm
		中果型	≥60mm	≥55mm	≥55mm
		小果型	≥55mm	≥50mm	≥50mm
	宽皮桔类	大果型	≥65mm	≥55mm	≥55mm
		中果型	≥55mm	≥50mm	≥50mm
		小果型	≥50mm	≥45mm	≥45mm
		微果型	≥35mm	≥30mm	≥30mm

五、绿色食品葡萄质量标准（NY/T 428－2000）

（一）绿色食品葡萄的新鲜度鉴别

葡萄的品种很多，我国现有500种以上，市场上常见的品种有龙眼葡萄、巨丰葡萄、玫瑰香葡萄、牛奶葡萄、玫瑰露葡萄、无核白葡萄、黑鸡心葡萄、红鸡心葡萄、香葡萄、小白玫瑰葡萄等。在对葡萄进行感官新鲜度鉴别时，必须着重注意以下几个方面。

表面色泽——新鲜的葡萄果梗青鲜；果粉呈灰白色，玫瑰香葡萄果皮呈紫红色，牛奶葡萄果皮向阳面呈锈色，龙眼葡萄果皮呈琥珀色；不新鲜的葡萄果梗霉锈，果粉残缺，果皮呈青棕色或灰黑色，果面润湿。

果粒形态——新鲜并且成熟适度的葡萄，果粒饱满，大小均匀，青子和瘪子较少；反之不新鲜者果粒不整齐，有较多青子和瘪子混杂，葡萄成熟度不足，品质差。

果穗观察——新鲜的葡萄用手轻轻提起时，果粒牢固，落子较少。如果粒纷纷脱落，则表明不够新鲜。

气味、滋味——品质好的葡萄，果浆多而浓，味甜，且有玫瑰香或草莓香；品质差的葡萄果汁少或者汁多而味淡，无香气，具有明显的酸味。

（二）绿色食品葡萄质量标准

1. 绿色食品葡萄感官质量（见表3－25）

表3－25　　绿色食品葡萄感官质量

项　　目	指　　标
果穗	典型而完整

续表

项　　目	指　　标
果粒	大小均匀，发育良好
成熟度	充分成熟
破碎率、日烧率	≤3%
病虫果	≤3%

2. 绿色食品葡萄理化要求（见表3-26）

表3-26　　绿色食品葡萄理化要求

项　　目	指　　标
总酸（以柠檬酸计），%	≤0.7
可溶性固形物，%	≥20
固酸比	≥28

3. 绿色食品葡萄卫生要求（表3-27）

表3-27　　绿色食品葡萄卫生要求

项　　目	指　　标
砷（以As计）	≤0.2
铅（以Pb计）	≤0.2
镉（以Cd计）	≤0.01
汞（以Hg计）	≤0.005
氟（以F计）	≤0.5
六六六	≤0.05
滴滴梯	≤0.05
敌敌畏	≤0.05
乐果	≤0.05
杀螟硫磷	≤0.02
百菌清	≤0.8
三唑酮	≤0.15

第四节 花卉品级鉴别

一、盆栽观果植物品级鉴别

（一）盆栽观果植物产品质量等级评价原则

1. 盆栽观果植物产品标准的划分

采用规格等级和形质等级相结合的分级方法。

规格等级：以所规定的花盖度、株高、冠幅/株高、株高/花盆、叶片或花朵等数量指标进行分级。

形质等级：根据盆栽观果产品的整体效果、花部状况、茎叶状况、病虫害或破损等四个指标进行分级。

2. 各主要种产品等级的划分

依据《盆栽观果植物产品质量等级划分公共标准》和《主要盆栽观果植物产品等级划分标准》进行。

（二）盆栽观果植物品质量等级划分公共标准（见表 3－28）

表 3－28　盆栽观果植物产品质量等级划分公共标准

项　目	1级	2级	3级
整体效果	外观新鲜，果实大小和数量正常；生长正常，无衰老症状，符合该品种特性。植株大小与盆的大小相称	外观新鲜,果实大小和数量较正常国生长正常,无衰老症状;符合该品种特性。植株大小与盆的大小相称	外观较新鲜；生长较正常；符合该品种特性。植株大小与盆的大小基本相称
果部状况	果实分布均匀；果色纯正，果形完好整齐；果枝健壮	果实分布均匀；果色纯正，果形完好较整齐；果枝健壮	果实分布均匀；果色纯正，果形完好较整齐；果枝较健壮

续表

项　目	1级	2级	3级
茎叶状况	茎、枝（干）健壮，分布均匀；叶片排列整齐，匀称，形状大小完好，色泽正常	茎、枝（干）健壮，分布较均匀；叶片排列整齐，匀称，形状大小完好，色泽正常	茎、枝（干）健壮，分布较均匀；叶片排列较整齐，匀称，形状大小完好，色泽较正常
病虫害及缺损状况	无病虫害、无机械损伤	无病虫害、无机械损伤	有不明显的病害斑迹或微小的虫孔，无检疫对象，有轻微无机械损伤
栽培基质	使用经过消毒的无土基质		

（三）主要盆栽观果植物产品质量等级划分

1. 盆栽金橘质量等级标准（见表3－29）

表3－29　　　　盆栽金橘质量等级划分标准

规　格（株高 cm）	项目	1级	2级	3级
	整体感	主秆直立，稳固；果实分布均匀，果型为椭圆形，果色金黄，有亮泽；无徒长枝；叶色浓绿，叶面清洁	主秆直立，稳固；果实分布均匀，果型为椭圆形，果色金黄；无徒长枝；叶色浓绿，叶面清洁	主秆直立，稳固；果实分布均匀，果型为椭圆形，果色金黄；无徒长枝；叶色浓绿，有少数黄化叶
30	果数（个）	≥70	40—69	20—39
60	果数（个）	≥140	100—139	70—99
100	果数（个）	≥200	150—199	120—149

2. 盆栽朱砂橘质量等级标准（见表3－30）

表 3-30 盆栽朱砂橘质量等级划分标准

规格（株高 cm）	项目	1 级	2 级	3 级
	整体感	主秆直立，稳固；果实分布均匀，果型为扁圆形，果色橘红；无徒长枝；叶色浓绿，叶面清洁	主秆直立，稳固；果实分布均匀，果型为扁圆形，果色橘红；无徒长枝；叶色浓绿，叶面清洁	主秆直立，稳固；果实分布均匀，果型为扁圆形，果色橘红；无徒长枝；叶色浓绿，有少数黄化叶
100	果数，个	≥140	100—139	70—99
150	果数，个	≥200	170—199	140—169
200	果数，个	≥280	200—279	140—199

3. 盆栽四季橘质量等级标准（见表 3-31）

表 3-31 盆栽四季橘质量等级划分标准

规格（株高 cm）	项目	1 级	2 级	3 级
	整体感	主秆直立，稳固；果实分布均匀，果型为扁圆形，果色金黄有光泽；无徒长枝；叶色浓绿，无枯焦斑点，叶面清洁	主秆直立，稳固；果实分布均匀，果型为扁圆形，果色金黄；无徒长枝；叶色浓绿，无枯焦斑点，叶面清洁	主秆直立，稳固；果实分布均匀，果型为扁圆形，果色金黄；无徒长枝；叶色浓绿，有少数黄化叶
50	果数，个	≥140	100—139	70—99
100	果数，个	≥280	240—279	200—239
150	果数，个	≥350	310—349	280—309
200	果数，个	≥420	380—419	350—379

二、盆栽观果植物品级鉴别

（一）盆栽观果植物质量检测方法

1. 整体效果、果部状况、茎叶状况通过目测检验。

2. 株高、果实、盆径、盆高用直尺测量，单位：cm，读数精确不少于1mm。

3. 病虫害：检查植株上是否有销往地区或国家规定的危险性病虫害的病状，并进一步检查是否带有该病的病原菌或虫体和虫卵，必要时可作培养检查。

4. 缺损：通过目测评定。

5. 栽培基质：要求“使用经过消毒的无土基质”，只作为对生产的要求，不作评级依据。

6. 花盆大小测量：花盆测量用直尺量花盆的盆口外沿直径。花盆与盆栽观果植物的配合：花盆尺寸如与标准中所要求的规格不符时，可以允许有±10%的波动，超出者降级处理。同一批检测产品中，其花盆尺寸规格应一致。

（二）盆栽观果植物质量检验规则

1. 同一产地、同一批次、同一品种、同一规格的产品作为一检测批次。

2. 样本应从提交的产品中随机抽取，单位产品以盆计。

3. 对成批的盆栽观果植物产品进行检测时，整体效果、果部状况、茎叶状况、果色、株高、花径、盆径、盆高、病虫害、缺损分别按检测方法规定，其检验样本数和每批次合格与否的判定，均执行GB2828中的一般检查水平Ⅰ，按正常检查一次抽样方案执行，其合格质量水平（AQL）为15。

表 3-32 盆栽观果植物质量检验抽样表

批量范围	样本大小	合格判定数 Ac	不合格判定数 Re
51—90	5	2	3
91—150	8	3	4
151—280	13	5	6
281—500	20	7	8
501—1200	32	10	11
1201—3200	50	14	15
3201—10000	80	21	22

(三) 结果判定

1. 质量等级分为3级，低于3级指标判为级外。

2. 单项指标等级判定。等级划分中的某一项指标，同时满足两个等级的评价指标时，要根据该项指标在这两个等级中的评价指标是否相同来决定归属哪一级。如果该项指标在这两个等级中不同，则应归属下一个等级，否则，应归属上一个等级。

3. 单盆观果植物等级的判定。单盆观果植物的各单项指标不在同一级别时，以该盆栽观果植物单项指标最低一级定级。

4. 样品或产品批次的整体判定。根据样品中各单盆观果植物的级别，按抽样表进行判定。

第五节 畜禽产品品级鉴别

一、蛋及蛋制品感官质量标准

(一) 蛋及蛋制品质量感官鉴别原则

鲜蛋的感官鉴别分为蛋壳鉴别和打开鉴别。蛋壳鉴别包括眼看、手摸、耳听、鼻嗅等方法，也可借助于灯光透视进行鉴别。

打开鉴别是将鲜蛋打开，观察其内容的颜色、稠度、性状、有无血液、胚胎是否发育，有无异味和臭味等。蛋制品的感官鉴别指标主要是色泽、外观形态、气味和滋味等。同时应注意杂质、异味、霉变、生虫和包装等情况，以及是否具有蛋品本身固有的气味或滋味。

（二）蛋及蛋制品质量感官鉴别

1. 蛋质量感官鉴别

（1）蛋卫生标准（GB 2748－1996）

本标准适用于以鸡、鸭、鹌鹑等家禽生产的各种鲜蛋类。主要表现为：

蛋壳清洁完整，灯光透视时，整个蛋呈橘黄色至橙红色；蛋黄不见或略见阴影，打开后蛋黄凸起、完整、有韧性；蛋白澄清、透明、稀稠分明；无异味。

（2）鲜度感官鉴别（见表 3－33）

表 3－33　蛋鲜度感官鉴别

项目		良质	次质	劣质
蛋壳鉴别	眼看	蛋壳清洁、完整、无光泽，壳上有一层白霜，色泽鲜明	蛋壳有裂纹、硌窝现象；蛋壳破损、蛋清外溢或壳外有轻度霉斑等	蛋壳表面的粉霜脱落；壳色油亮，呈乌灰色或暗黑色，有油样浸出；有较多或较大的霉斑
	手摸	蛋壳粗糙，重量适当	蛋壳有裂纹、硌窝或破损，手摸有光滑感	手摸有光滑感，掂量时过轻或过重
	耳听	蛋与蛋相互碰击声音清脆，手握蛋摇动无声	蛋与蛋碰击发出哑声（裂纹蛋），手摇动时内容物有流动感	蛋与蛋相互碰击发出嘎嘎声（孵化蛋）、空空声（水花蛋），手握蛋摇动时内容物是晃荡声
	鼻嗅	有轻微的生石灰味	有轻微的生石灰味或轻度霉味	有轻微的生石灰味或轻度霉味

续表

项目		良质	次质	劣质
鲜蛋打开鉴别	颜色	蛋黄、蛋清色泽分明，无异常颜色	颜色正常，蛋黄部有圆形或网状血红色；蛋清颜色发绿，其他部分正常	蛋内液态流体呈灰黄色、灰绿色或暗黄色，内有杂黑色霉斑
	性状	蛋黄呈圆形凸起而完整，并带有韧性；蛋清浓厚、稀稠分明，系带粗白而有韧性，并紧贴蛋黄的两端	性状正常或蛋黄呈红色的小血圈或网状血丝	蛋清和蛋黄全部变得稀薄混浊；蛋膜和蛋液中都有霉斑或蛋清呈胶冻样霉变；胚胎形成长大
	气味	具有鲜蛋的正常气味，无异味	具有鲜蛋的正常气味，无异味	有臭味、霉变味或其他不良气味

2. 蛋制品质量感官鉴别（见表 3－34）

蛋制品卫生标准（GB 2749－1996）本标准适用于巴氏杀菌冰鸡全蛋、冰鸡蛋黄、冰鸡蛋白、巴氏杀菌鸡全蛋粉、鸡蛋黄粉、鸡蛋白片、皮蛋（松花蛋）、咸蛋、糟蛋等蛋制品。

表 3－34　蛋制品卫生感官指标

品种	蛋制品卫生感官指标
巴氏杀菌冰鸡全蛋	坚洁均匀，呈黄色或淡黄色，具有冰鸡全蛋的正常气味，无异味，无杂质
冰鸡蛋黄	坚洁均匀，呈黄色，具有冰鸡全蛋的正常气味，无异味，无杂质
冰鸡蛋白	坚洁均匀，白色或乳白色，具有冰鸡全蛋的正常气味，无异味，无杂质
巴氏杀菌鸡全蛋粉	呈粉末状或极易松散之块状，均匀淡黄色，具有鸡全蛋粉的正常气味，无异味，无杂质

续表

品　种	蛋制品卫生感官指标
鸡蛋黄粉	呈粉末状或极易松散之块状，均匀黄色，具有鸡蛋黄粉的正常气味，无异味，无杂质
鸡蛋白片	呈晶片状，均匀浅黄色，具有鸡蛋白片的正常气味，无异味，无杂质
皮　蛋（松花蛋）	外包泥或涂料均匀洁净，蛋壳完整，无霉变，敲摇时无水响声，剖检时蛋体完整；蛋白呈青褐色、棕色或棕黄色，呈半透明状，有弹性，一般有松花花纹，蛋黄呈深浅不同的墨绿色或黄色，略带凝心。具有皮蛋应有的滋味和气味，无异味
咸　蛋	外壳包泥（灰）等涂料均匀洁净，去泥后蛋体完整无霉斑，灯光透视时可见蛋黄阴影，剖检时蛋白液化，澄清，蛋黄呈桔红色或黄色环状凝胶体。具有咸蛋正常气味，无异味
糟　蛋	蛋形完整，蛋膜无破裂，蛋壳脱落或不脱落。蛋白呈乳白色，浅黄色，色泽均匀一致，呈糊状或凝固状。蛋黄完整。呈橘红色或黄色，呈半凝固状。具有精蛋正常的醇香味，无异味

二、生猪屠宰产品品质检验规程(GB/T 17996－1999)

(一) 生猪宰前检验及处理

宰前检验包括验收检验、待宰检验和送宰检验。

1. 验收检验

(1) 活猪进屠宰厂或场后，在卸车或船前检验人员要先向送猪人员索取产地动物防疫监督机构开具的检疫合格证明，经临车观察未见异常，证货相符时准予卸车或卸船。

(2) 卸车或船后，检验人员必须逐头观察活猪的健康状况，按检查结果进行分圈、编号，健康猪赶入待宰圈休息；可疑病猪赶入隔离圈，继续观察；病猪及伤残猪送急宰间处理。

（3）对检出的可疑病猪，经过饮水和充分休息后，恢复正常的，可以赶入待宰圈；症状仍不见缓解的，送往急宰间处理。

2. 待宰检验

（1）生猪在待宰期间，检验人员要进行“静、动、饮水”的观察，检查有无病猪漏检。

（2）检查生猪在待宰期间的静养、喂水是否按 GB/T 17236 执行。

3. 送宰检验

（1）生猪在送宰前，检验人员还要进行一次全面检查，确认健康的，签发《宰前检验合格证明》，注明货主和头数，车间凭证屠宰。

（2）检查生猪宰前的体表处理，是否按 GB/T 17236 执行。

（3）检查送宰猪通过屠宰通道时，是否按 GB/T 17236 执行。

4. 急宰猪处理

（1）送急宰间的猪要及时进行屠宰检验，在检验过程中发现难以确诊的病猪时，要及时向检验负责人汇报并进行会诊。

（2）死猪不得冷宰食用，要直接送往不可食用肉处理间进行处理。

（二）宰后检验及处理

宰后检验必须对每头猪进行头部检验、体表检验、内脏检验、胴体检验、复验与盖章。

1. 头部检验

屠体经脱毛吊上滑轨后进行，首先观察头颈部有无脓肿，然后切开两侧颌下淋巴结，检查有无肿大、出血、化脓和其他异常变化，脂肪和肌肉组织有无出血、水肿和淤血，对检出的病变淋巴结和脓肿要进行修割处理。当发现颌下淋巴结肿大、出血，周围组织水肿或有胶样浸润时，应报告检验负责人进行会诊。

2. 体表检验

(1) 对屠体的体表和四肢进行全面观察，剥皮猪还要检查皮张，检查有无充血、出血和严重的皮肤病。当发现皮肤肿瘤或皮肤坏死时，要在屠体上作出标志，供胴体检验人员处理。

(2) 检验颈部耳后有无注射针孔或局部肿胀、化脓，发现后应做局部修割。

(3) 检查屠体脱毛是否干净，有无烫生、烫老和机损，修刮后浮毛是否冲洗干净，剥皮猪体表是否残留毛、小皮，是否冲洗干净。

3. 内脏检验

屠体挑胸剖腹后进行，首先检查肠系膜淋巴结和脾脏，随后对摘出的心、肝、肺进行检验，当发现肿瘤等重要病变时，将该胴体推入病肉岔道，由专人进行对照检验、综合判定和处理。

4. 胴体初验

观察体表和四肢有无异常，随即切检两侧浅腹股沟淋巴结有无肿大、出血、淤血、化脓等变化，检验皮下脂肪和肌肉组织是否正常，有无出血、淤血、水肿、变性、黄染、蜂窝织炎等病变状。检查肾脏，剥开肾包膜观察其色泽、大小并触检其弹性是否正常，必要时进行纵剖检查。注意有无肾淤血、肾出血、肾浊肿、肾脂变、肾梗死、间质性肾炎、化脓性肾炎、肾囊肿、尿潴留以及肿瘤等。检查胸腹腔中有无炎症、异常渗出液、肿瘤病变。结合内脏检验结果作出综合判定。对可疑病猪做上标记，推入病肉岔道，通过复验作出处理。

5. 复验与盖章

胴体劈半后，复验人员结合胴体初验结果，进行全面复查。

检查片猪肉的内外伤、骨折造成的淤血和胆汁污染部分是否修净，检查椎骨间有无化脓灶和钙化灶，骨髓有无褐变和溶血现象。肌肉组织有无水肿、变性等变化，仔细检验隔肌有无出血、变性和寄生性损害。检查有无肾上腺和甲状腺及病变淋巴结漏摘。

经过全面复验，确认健康无病，卫生、质量及感官性状又符合要求的，盖上本厂或场的检验合格印章，按规定分别盖上相应的检验处理印章。

三、畜禽产地检疫规范（GB 16549－1996）

本标准规定了畜禽产地检疫内容和临床健康检查的技术规范，适用于离开饲养产地之前的畜禽检疫。

（一）疫情调查

了解当地疫情，确定动物是否来自疫区。

（二）查验免疫证明

检查按国家或地方规定必须强制预防接种的项目，动物必须处在免疫有效期内。

（三）临床健康检查

1. 畜禽的群体检疫

（1）静态。检查精神状况、外貌、营养、立卧姿势、呼吸、反刍状态，检查羽、冠、髯。

（2）动态。检查运动时头、颈、腰、背、四肢的运动状态。

（3）食态。检查饮食、咀嚼、吞咽时反应状态。同时应检查排便时姿势，粪尿的质度、颜色、含混物、气味。

2. 畜禽的个体检查

个体检查包括群体检查时发现异常个体或抽样检查（5%—

20%）的个体。

(1) 视诊。检查精神外貌、营养状况、起卧运动姿势、反刍以及皮肤、被毛、羽毛、冠、髯、呼吸、可视黏膜、天然孔、鼻镜、粪、尿等。

(2) 触诊。触摸皮肤（耳根）温度、弹性，胸廓、腹部敏感性，体表淋巴结的大小、形状、硬度、活动性、敏感性等，嗉囊内容物性状。必要时进行直肠检查。

(3) 叩诊。叩诊心、肺、胃、肠、肝区的音响、位置和界限，胸、腹部敏感程度。

(4) 听诊。听叫声、咳嗽声、心音、肺泡气管呼吸音、胃肠蠕动音等。

(5) 检查体温、脉搏、呼吸数。

(6) 检查渗出物、漏出物、分泌物、病理性产物的颜色、质度、气味等。

四、畜禽屠宰卫生检疫规范（NY467－2001）

本标准规定了畜禽屠宰检疫的宰前检疫、宰后检验及检疫检验后处理的技术要求。适用于所有从事畜禽屠宰加工的单位和个人。

（一）宰前检验

1. 入场检疫

(1) 首先查验法定的动物产地检疫证明或出县境动物及动物产品运载工具消毒证明及运输检疫证明，以及其他所必须的检疫证明，待宰动物应来自非疫区，且健康良好。

(2) 检查畜禽饲料添加剂类型、使用期及停用期，使用药物种类、用药期及停药期，疫苗种类和接种日期方面的有关记录。

(3) 核对畜禽种类和数目，了解途中病、亡情况。然后进行群体检疫，剔出可疑病畜禽，转放隔离圈，进行详细的个体临床检查，方法按 GB16549 执行，必要时进行实验室检查。

2. 待宰检疫

健康畜禽在留养待宰期间尚需随时进行临床观察。送宰前再做一次群体检疫，剔出患病畜禽。

(二) 宰前检疫后的处理

1. 经宰前检疫发现口蹄疫、猪水泡病、猪瘟、非洲猪瘟、非洲马瘟、牛瘟、牛传染性胸膜肺炎、牛海绵状脑病、痒病、蓝舌病、小反刍兽疫、绵羊痘和山羊痘、高致病性禽流感、鸡新城疫、兔出血热时，病畜禽按 GB 16548－1996 处理。

(1) 同群畜禽用密闭运输工具运到动物防疫监督部门指定的地点，用不放血的方法全部扑杀，尸体按 GB 16548－1996 处理。

(2) 畜禽存放处和屠宰场所实行严格消毒，严格采取防疫措施，并立即向当地畜牧兽医行政管理部门报告疫情。

2. 经宰前检疫发现狂犬病、炭疽、布鲁氏菌病、弓形虫病、结核病、日本血吸虫病、囊尾蚴病、马鼻疽、兔粘液瘤病及疑似病畜时，按 GB16548－1996 处理。

(1) 同群畜急宰，胴体内脏按 GB16548－1996 处理。

(2) 病畜存放处和屠宰场所实行严格消毒，采取防疫措施，并立即向当地畜牧兽医行政管理部门报告疫情。

3. 除 (1) 和 (2) 所列疫病外，患有其他疫病的畜禽，实行急宰，除剔除病变部分销毁外，其余部分按 GB 16548－1996 规定的方法处理。

4. 凡判为急宰的畜禽，均应将其宰前检疫报告单结果及时通知检疫人员，以供对同群畜禽宰后检验时综合判定、处理。

5. 对判为健康的畜禽，送宰前应由宰前检疫人员出具准宰通知书。

（三）屠宰过程中卫生要求

只有出具准宰通知书的畜禽才可进入屠宰线。

1. 家畜屠宰卫生要求

(1) 淋浴净体。家畜致昏、放血前，应将畜体清扫或喷洗干净。家畜通过屠宰通道时，应按顺序赶送，且应尽量避免动物遭受痛苦。

(2) 电麻致昏。致昏的强度以使待宰畜处于昏迷状态，失去攻击性，消除挣扎，保证放血良好为准，不能致死，废止锤击，操作人员应穿戴合格的绝缘鞋、绝缘手套。

(3) 刺杀放血。刺杀由经过训练的熟练工人操作，采用垂直放血方式，除清真屠宰场外，一律采用切断颈动脉、颈静脉或真空刀放血法，沥血时间不得少于 5min，废止心脏穿刺放血法，放血刀消毒后轮换使用。

(4) 剥皮或褪毛。需剥皮时，手工或机械剥皮均可，剥皮力求仔细，避免损伤皮张和胴体，防止污物、皮毛、脏手沾污胴体，禁止皮下充气作为剥皮的辅助措施。

需褪毛时，严格控制水温和浸烫时间，猪的浸烫水温以 60°—68℃为宜，浸烫时间为 5min—7min，防止烫生、烫老。刮毛力求干净，不应将毛根留在皮内，使用打毛机时，机内淋浴水温保持在 30℃左右。禁止吹气、打气刮毛和用松香拔毛。烫池水每班更换一次，取缔清水池，采用冷水喷淋降温净体。

(5) 开膛、净膛。剥皮或褪毛后立即开膛，开膛沿腹白线剖开腹腔和胸腔，切忌划破胃肠、膀胱和胆囊。摘除的脏器不准落地，心、肝、肺和胃、肠、胰、脾应分别保持自然联系，并与胴体同步编号，由检验人员按宰后检验要求进行卫生检验。

(6) 冲洗胸、腹腔。取出内脏后，应及时用足够压力的净水冲洗胸膛和腹腔，洗净腔内淤血、浮毛、污物。

（7）劈半。将检验合格的胴体去头、尾，沿脊柱中线将胴体劈成对称的两半，劈面要平整、正直，不应左右弯曲或劈断、劈碎脊柱。

（8）整修、复验。修割掉所有有碍卫生的组织，如暗伤、脓疱、伤斑、甲状腺、病变淋巴结和肾上腺。整修后的片猪肉应进行复验，合格后割除前后蹄，用甲基紫液加盖验记印章。

（9）整理副产品。整理副产品应在副产品整理间进行；整理好的脏器应及时发送或送冷却间，不得长时间堆放。

（10）皮张和鬃毛整理。皮张和鬃毛整理应在专用房间内进行。皮张和鬃毛应及时收集整理，皮张应抽去尾巴，刮除血污、皮肌和脂肪，及时送往加工处，不得堆压、日晒，鬃毛应及时摊干晾晒，不能堆放。

2. 禽屠宰卫生要求

（1）致昏与放血。进入屠宰线的活禽应在电击后立即屠宰，屠宰操作应合理，放血应完全，防止血液污染刀口以外的地方。

（2）脱毛。要快速、完全。

（3）内脏摘除与处理。屠宰后应立即进行内脏全摘除，检验体腔和相关的内脏，并记录检验结果。检验后，内脏应立即与胴体分离，并立即去除不适于人类食用的部分。屠宰场内，禁止用布擦拭清洁禽肉。

3. 兔屠宰卫生要求

（1）致昏与放血。致昏时，应尽可能选用无痛苦方法；屠宰操作应合理，放血应完全。

（2）剥皮。避免损伤皮张和胴体，防止污物、皮毛、脏手沾污胴体。

（3）内脏摘除与处理。

(四) 宰后卫生检验

畜禽屠宰后应立即进行宰后卫生检验，宰后检验应在适宜的光照条件下进行。头、蹄（爪）、内脏和胴体施行同步检验（皮张编号）；暂无同步检验条件的要统一编号，集中检验，综合判定。必要时进行实验室检验。

1. 家畜宰后卫生检验

(1) 头部检验

猪头检验：剖检两侧颌下淋巴结和外咬肌，视检鼻盘、唇、齿龈、咽喉粘膜和扁桃体。

牛头检验：视检眼睑、鼻镜、唇、齿龈、口腔、舌面以及上下颌骨的状态，触检舌体，剖检两侧颌下淋巴结和咽后内侧淋巴结，视检咽喉粘膜和扁桃体，剖检舌肌（沿系带面纵向切开）和两侧内外咬肌。

羊头检验：视检皮肤、唇和口腔粘膜。

马、骡、驴和骆驼头的检验：剖检两侧颌下淋巴结、鼻甲和鼻中膈及喉头。

(2) 内脏检验

胃肠检验：视检胃肠浆膜，剖检肠淋巴结，牛、羊尚需检查食道。必要时剖检胃肠粘膜。

脾脏检验：视检外表、色泽、大小，触检被膜和实质弹性，必要时剖检脾髓。

肝脏检验：视检外表、色泽、大小，触检被膜和实质弹性，剖检肝门淋巴结。必要时剖检肝实质和胆囊。

肺脏检验：视检外表、色泽、大小，触检弹性，剖检支气管淋巴结和纵膈后淋巴结（牛、羊）。必要时，剖检肺实质。

心脏检验：视检心包及心外膜，并确定肌僵程度。剖开心室视检心肌、心内膜及血液凝固状态。猪心，特别注意二尖瓣病损。

肾脏检验：剥离肾包膜，视检外表、色泽、大小，触检弹性。必要时纵向剖检肾实质。

乳房检验（牛、羊）：触检弹性，剖检乳房淋巴结。必要时剖检其实质。

必要时，剖检子宫、睾丸及膀胱。

(3) 胴体检验

首先判定放血程度。视检皮肤、皮下组织、脂肪、肌肉、胸腔、腹腔、关节、筋腱、骨及骨髓。剖检颈浅背（肩前）淋巴结、股前淋巴结、腹股沟浅淋巴结、腹股沟深（或髂内）淋巴结，必要时，增检颈深后淋巴结和腘淋巴结。

(4) 寄生虫检验

旋毛虫和住肉孢子虫的实验室检验。由每头猪左右横膈膜脚肌采取不少于30g肉样两块（编上与胴体同一号码），撕去肌膜，剪取24个肉粒（每块肉样12粒），制成肌肉压片，置低倍显微镜下或旋毛虫投影仪检查。有条件的场、点可采用集样消化法检查。发现虫体或包囊，根据编号进一步检查同一动物胴体、头部和心脏。

囊尾蚴的检验。主要检查部位为咬肌、两侧腰肌和膈肌，其他可检部位是心肌、肩胛外侧肌和股内侧肌。

2. 家禽宰后检验

家禽体表、内脏和体腔应逐只进行视检，必要时进行触检或切开检查，注意胴体的质地、颜色和气味的异常变化，特别应注意屠宰操作可能引起的异常变化。宰后检验过程中淘汰下来的家禽，应抽样进行细致的临床检查和实验室诊断。

3. 家兔检验

重点检查胴体表面、胸腔、肝、脾、肾、盲肠蚓突和圆小囊等部位，判定有无异常。

（五）宰后检验后处理

通过对内脏、胴体的检疫，作出综合判断和处理意见；检疫合格，确认无动物疫病的家畜鲜肉可按照64/433/EEC规定的要求进行分割和贮存；确认无动物疫病的鲜家禽肉可按照71/118/EEC规定的要求进行清洗、浸泡冷却、分割和贮存；确认无动物疫病的鲜兔肉可按照91/495/EEC规定的要求进行贮存。

经检疫合格的胴体或肉品应加盖统一的检疫合格印章，并签发检疫合格证。应用印染液加盖印章时，印章染色液应对人无害，盖后不流散，迅速干燥，附着牢固。经宰后检验发现动物疫病时，应根据下述不同情况采取不同的处理措施。

1. 经宰后检验发现动物疫病和狂犬病、炭疽时，按以下方法处理

（1）立即停止生产；

（2）生产车间彻底清洗、严格消毒；

（3）立即向当地畜牧兽医行政管理部门报告疫情；

（4）病畜禽胴体、内脏及其他副产品按规定处理；

（5）同批产品及副产品按规定处理；

（6）各项处理经畜牧兽医行政管理部门检查合格后方可恢复生产。

2. 经宰后检验发现动物疫病（狂犬病、炭疽除外）时，执行1. 中（1）、（2）、（3）、（4）处理办法。

3. 经宰后检验发现寄生虫病时，按下列规定处理

旋毛虫病和住肉孢子虫病：在24个肉样压片内，发现有包囊的或钙化的旋毛虫者，头、胴体和心脏作工业用或销毁；在24个肉样压片内，发现住肉孢子虫者，全尸高温处理或销毁。

猪、牛囊尾蚴病：在规定检验部位切面视检，发现囊尾蚴和

钙化的虫体者，全尸作工业用或销毁。

肝片吸虫病、矛形腹腔吸虫病、棘球蚴病、肺吸虫病、肺线虫病、细颈囊尾蚴病、肾虫病、猪孟氏双槽蚴病、华枝睾吸虫病、腭口线虫病、猪浆膜丝虫病、鸡球虫病、兔球虫病、兔豆状囊尾蚴病、兔链形多头蚴病、兔肝毛细线虫病：

(1) 病变严重，且肌肉有退化性变化者，胴体和内脏作工业用或销毁；肌肉无变化者剔除患病部分作工业用或销毁，其余部分高温处理后出场（厂）；

(2) 病变轻微，剔除病变部分作工业用或销毁，其余部分不受限制出场（厂）。

4. 经宰后检验发现肿瘤时，按下列规定处理

(1) 在一个器官发现肿瘤病变，胴体不瘠瘦，并无其他明显病变者，患病脏器作工业用或销毁。其余部分高温处理；如胴体瘠瘦或肌肉有病变者，全尸作工业用或销毁。

(2) 两个或两个以上器官发现肿瘤病变者，全尸作工业用或销毁。

(3) 确诊为淋巴肉瘤、白血病和鳞状上皮细胞癌者，全尸作工业用或销毁。

5. 经宰后检验发现普通病、中毒和局部病损时，按下列规定处理

(1) 有下列情形之一者，全尸作工业用或销毁：脓毒症、尿毒症、黄疸、过度消瘦、大面积坏疽、急性中毒、全身肌肉和脂肪变性、全身性出血的畜禽；

(2) 局部有下列病变之一者，割除病变部分作工业用或销毁，其余部分不受限制：创伤、化脓、炎症、硬变、坏死、寄生虫损害、严重的淤血、出血、病理性肥大或萎缩，异色、异味及其他有碍卫生的部分。

6. 须做无害化处理的应在胴体上加盖与处理意见一致的统一印章，并在动物防疫监督部门监督下，在厂内处理。

（六）检疫记录

所有屠宰场均应对生产、销售和相应的检疫、处理记录保存两年以上。

第六节 主要水产品品级鉴别

一、主要水产品感官质量标准

（一）鱼类感官质量标准

1. 鱼类卫生标准

（1）淡水鱼类卫生标准(GB2736－1994)

适用于青鱼、草鱼、鲢鱼、鲤鱼、鳙鱼、鳊鱼（团头鲂）、鲫鱼、鲶鱼等淡水鱼，主要表现为：

体表——有光泽，鳞片较完整不易脱落，粘液无混浊，肌肉组织致密有弹性；

鳃——鳃丝清晰，色鲜红或暗红，无异臭味；

眼球——眼球饱满，角膜透明或稍有混浊；

肛门——紧缩或稍有凸出。

（2）海水鱼类卫生标准（GB2733－19994）

适用于黄鱼、带鱼、鲳鱼、鲫鱼、鳗鱼、鲚鱼、鮸鱼、黄姑鱼、鲐鱼、蓝圆鲹、铁甲鱼、鲅鱼、鲱鱼等，主要表现为：

体表——鳞片完整或较完整，不易脱落，体表粘液透明无异臭味，具有固有色泽；

鳃——鳃丝较清晰，色鲜红或暗红，粘液不混浊，无异臭味；

眼球——眼球饱满，角膜透明或稍混浊；

肌肉——组织有弹性，切面有光泽，肌纤维清晰。

2. 鱼类鲜度感官鉴别（见表 3－35）

表 3－35 鱼类鲜度感官鉴别

项目	新鲜	次鲜	腐败
眼球	眼球饱满、突出，角膜透明、清亮，有弹性	眼球不突出，眼角膜起皱，稍变混浊，有时眼内溢血发红	眼球塌陷或干瘪，角膜皱缩或有破裂
鱼鳃	鳃丝清晰呈鲜红色，粘液透明，具有海水鱼的咸腥味或淡水鱼的土腥味，无异臭味	鳃色变暗，呈灰红或灰紫色，粘液轻度腥气，气味不佳	鳃呈褐色或灰白色，有污秽的粘液，带有不愉快的腐臭气味
体表	有透明的粘液，鳞片有光泽且与鱼本贴附紧密，不易脱落（鲳、大黄鱼、小黄鱼除外）	粘液多不透明，鳞片光泽度差且较易脱落，粘液粘腻而混浊	体表暗淡无光，表面附有污秽粘液，鳞片与鱼皮脱离贻尽，具有腐臭气味
肌肉	肌肉坚实有弹性，指压后凹陷立即消失，无异味，肌肉切面有光泽	肌肉稍呈松散，指压后凹陷消失得较慢，稍有腥臭味，肌肉切面有光泽	肌肉松散，易与鱼骨分离，指压时形成的凹陷不能恢复或手指可将鱼肉刺穿
腹部	腹部正常，不膨胀，肛孔白色、凹陷	腹部膨胀不明显，肛门稍突出	腹部膨胀、变软或破裂，表面发暗灰色或有淡绿色斑点，肛门突出或破裂

（二）虾类感官质量标准

1. 河虾卫生标准（GB 2740－1994）与海虾卫生标准（GB 2741－1994）

河虾卫生标准适用于人工养殖或野生的河虾。要求虾体具有各种河虾固有的色泽，外壳清晰透明，虾头与虾体连接不易脱落，尾节有伸屈性，肉质致密无异臭味。

海虾卫生标准主要适用于对虾、海白虾、虾姑、鹰爪虾等海虾，主要表现为：

体表——虾体完整，体表纹理清晰、有光泽；

肢节——头胸甲与体节间连接紧密，允许稍松驰；壳允许有轻微红色或黑色；

眼球——眼球饱满突出，允许稍萎缩；

肌肉——肌肉纹理清晰，呈玉白色，有弹性，不易剥离；

气味——具有海虾的固有气味，无任何异味。

2. 虾类质量分级标准

一级品——虾体完整，品质新鲜，色泽清亮，皮壳附着坚实，无黑，黑裙或黑斑不超过 1 处；

二级品——虾体完整，品质新鲜，色泽正常，有弹性，允许有黑一处，黑裙和黑斑不超过 2 处；

三级品——虾体基本完整，稍有弹性，允许有黑箍一处，黑斑或黑裙不超 3 处；

四级品——虾体基本完整，无异味，不发红，黑箍、黑裙、黑斑不能影响外观。

3. 虾类鲜度感官鉴别（见表 3－36）

表 3－36　　虾类鲜度感官鉴别

品种		感官指标
青虾（河虾）	一级鲜度	青灰色，外壳清晰透明，头体连接近紧密，肌肉青白色，致密，尾节伸屈性强
	二级鲜度	灰白色，透明度较差，头体稍易脱离，肌肉青白色，致密，尾节伸屈性稍差
对虾	一级鲜度	虾体完整，允许有黑箍一个，黑斑四处，虾体清洁，允许串清水及局部串血水，肌肉紧密，有弹性
	二级鲜度	虾体基本完整，允许有黑箍三个和不严重影响外观的黑斑，虾体清洁，允许串血水，肌肉弹性稍差

续表

品种		感官指标
海白虾	一级鲜度	头体节紧连，甲壳清晰透明，眼饱满、突出透明，肉质有韧性，玉白色，具固有气味
	二级鲜度	头体节连接松弛，色泽暗淡，眼微陷、萎缩透明，肉质有韧性，玉白色，无异味

（三）蟹类感官质量标准

1. 海蟹卫生标准（GB 2743－1994）

主要适用于三疣梭子蟹、日本蟳、锯缘青蟹以及在身体结构上与上述蟹类相似的海蟹，主要表现为：

体表——体表纹理清晰，有光泽，脐上部无胃印；

肢节——步足与躯体连接紧密，提起蟹体时步足不松弛下垂；

鳃——鳃丝清晰，白色或微褐色；

蟹黄——蟹黄凝固不流动；

肌肉——肌肉纹理清晰、有弹性，不易剥离；

气味——具有海蟹的固有气味，无任何异味。

2. 海蟹鲜度感官鉴别（表 3－37）

表 3－37　　海蟹鲜度感官鉴别

项目	新鲜	次鲜	腐败
体表	体表色泽鲜艳，背壳纹理清晰而有光泽；腹部甲壳和中央沟部位的色泽洁白且有光泽，脐上部无胃印	体表色泽微暗、光泽度差；腹脐部可出现轻微的“印迹”，腹面中央沟色泽变暗	体表及腹部甲壳色暗，无光泽；腹部中沟出现灰褐色斑纹或斑块，或能见到黄色颗粒状滚动物质

续表

项 目	新 鲜	次 鲜	腐 败
蟹 鳃	鳃丝清晰，白色或稍带微褐色	鳃丝尚清晰，色变暗，无异味	鳃丝污秽模糊，呈暗褐色或暗灰色
肢体和鲜活度	刚捕获不久的活蟹，肢体连接紧密，提起蟹体时，不松驰也不下垂；活蟹反应机敏，动作快速有力	生命力明显衰减的活蟹，反应迟钝，动作缓慢而软弱无力；肢体连接程度较差，提起蟹体时，蟹足轻度下垂或挠动	全无生命的死蟹，已不能活动。肢体连接程度很差，在提起蟹体时蟹足与蟹背呈垂直状态；呈残缺不全

二、水产品感官质量检验

（一）鱼类感官质量检验

1. 鱼类试验方法

感官检验。在光线充足，无异味环境条件下，在白瓷盘中对样品进行感官检验。

2. 鱼类检验规则

（1）组批规则。按同一时间、同一来源（同一鱼池或同一养殖场）的同一种鱼归类为同一检验批。

（2）抽样方法。试验鱼抽样：按 NY 5073 的规定执行。感官检验可增加样品量。试验样品采样：每尾鱼应取可食部分，同一检验批所采的样品绞碎混合均匀后，按四分法对角取样。样品总量不得少于 200g。

（3）判定规则。感官检验的合格率应为 90% 以上。如感官检验有 2 项不合要求或已腐败变质，则判为不合格品，不必再进行安全卫生指标的检验。安全卫生指标中的极限值采用修约值比较法。检验结果应符合标准要求，所检指标中有一项不符合标准规定时，允许加倍抽样进行复检一次，以复检为准，仍不合格的，则判该批为不合格品。

（二）虾类感官质量检验

1. 虾类试验方法

（1）感官检验。在光线充足，无异味的环境中，将试样倒在白色搪瓷盘或不锈钢工作台上，对虾进行的感官检验。

（2）水煮试验。在容器中加入 500mL 饮用水，将水烧开后，取约 100g 用清水洗净的对虾，放于容器中，盖上盖，煮 5min 后，打开盖，嗅蒸汽气味，再品尝肉质。

2. 虾类检验规则

（1）组批规则。水产养殖虾类以同一养殖场中、同时收获的、养殖条件相同的、同品种的虾类为一个批次，捕捞虾类以同一条船上相同品种未经分拣过或已按规格分拣过的虾类为一个批次。

（2）抽样方法。鲜、活虾抽样数量及感官判定规则见表；用于安全指标检验的样品总量不得少于 500g；用于微生物检验的样品应在无菌条件下抽样，并将所取样品存放于无菌容器中，样品总量不得少于 250g。合格判定数——若在样本中发现的不合格虾数小于或等于合格判定数，则判为该批产品为合格品。不合格判定数——若在样本中发现的不合格对数大于或等于不合格判定数，则判该批产品为不合格品。

（3）判定规则（见表 3 - 38）。活、鲜虾检验符合感官标准规定，合格样本数符合鲜、活虾抽样数量及感官判定规则规定，则判为批合格；若感官检验判定鲜虾、冻虾质量困难时，应做蒸煮试验并测 VBN 值，并以蒸煮试验及 VBN 测定结果为综合判定依据；检验结果（包括微生物及安全指标）中有一项指标不合格，允许加倍抽样将此项指标复验一次，按复验结果判定本批产品是否合格。检验结果中有二项及二项以上指标不合格，则判本批产品不合格。

表 3-38 鲜、活虾抽样数量及感官判定规则

全部虾数量	样本大小	合格判定数 a	不合格判定数 b
2—15	2	0	1
16—25	3	0	1
26—90	5	0	1
91—150	8	1	2
151—500	13	1	2
501—1200	20	2	3
1201—10000	32	3	4
10001—35000	50	5	6
35001—50000	80	7	8
>50000	125	10	11

（三）蟹类感官质量检验

1. 蟹类试验方法

感官检验。将试样放在白色搪瓷盘中，用目测、手指压、鼻嗅；打开蟹体，肉眼观察。

2. 蟹类检验规则

（1）检验批。按同一时间、同一来源（同一蟹池或同一养殖场）的蟹归类为同一检验批。

（2）抽样方法。

感官检验抽样。同一检验批的蟹应随机抽样。批量在 100 只以下（含 100 只），取样只数为 20 只；批量在 101—1000 只范围

内，取样只数为批量的7%；批量在1 001—10 000只范围内，取样只数为批量的5%；批量在10 000只以上，取样只数为批量的3%；样本总数不低于20只。

理化、安全卫生检验抽样。从感官检验抽取的样品中随机抽样。批量在1 000只以下（含1 000只），取样只数为至少4只；批量在1 001—5 000范围内，取样只数为10；批量在5 001—10 000只范围内，取样只数为20只；批量在10 000只以上，取样量为30只。

(3) 判定规则。感官检验的合格率应为95%以上；安全卫生指标中各项有毒有害物质指标均应符合标准要求，各项指标中的极限值采用修约值比较法。检验结果有一项指标不合格，允许加倍抽样将此项指标复查一次，经复检后仍不合格的，则判定该批为不合格品。

第七节 其他农副产品品级鉴别

一、无公害食品黑木耳（NY 5098－2002）

（一）无公害食品黑木耳质量标准

1. 无公害食品黑木耳感官指标（见表3－39）

表3－39 无公害食品黑木耳感官指标

项　目	指　　标
外观	浅棕色至黑褐色，背面浅灰色，有光亮感，自然卷曲状，大小基本均匀一致，无虫蛀耳、霉烂耳和流失耳
气味	具有本品特有清香味，无异味

续表

项 目	指 标
霉烂耳	无
流失耳	无
虫蛀耳	无
干湿比	1:12 以上
水分,%	≤13
杂质,%	≤1

2. 无公害食品黑木耳卫生指标（见表 3－40）

表 3－40 无公害食品黑木耳卫生指标

项 目	指标/（mg/kg）
砷（以 As 计）	≤1
铅（以 Pb 计）	≤2
镉（以 Cd 计）	≤1
汞（Hg 计）	≤0.2
多菌灵（carbendazim）	≤0.5
百菌清（chlorothalonil）	≤1
敌敌畏（dichlorvos）	≤0.5

（二）无公害食品黑木耳检验规则

1. 组批规则

同一产地、同时采收的黑木耳作为一个检验批次。

2. 抽样方法

按 GB/T 12530 规定执行。

3. 型式检验

型式检验是对产品进行全面考核，即对本标准规定的全部要求进行检验。有下列情形之一者应对产品质量进行型式检验：

(1) 前后两次抽样检验结果差异较大。

(2) 产品评优、国家质量监督机构或主管部门提出型式检验要求。

(3) 因人为或自然因素使生产环境发生较大变化。

4. 交收检验

每批次产品交收前，生产者应进行交收检验。交收检验内容包括感官要求、标志、包装，检验合格并附合格证的产品方可交收。

5. 判定规则

(1) 按本标准进行检验，检验结果全部符合本标准规定要求的产品，则判该批次产品为合格。

(2) 感官指标和卫生指标有一项不能达到要求的，即判该批次产品不合格。

(3) 交收检验时，感官要求的各项检验中，如产品有一项不符合要求，则判批次产品为不合格。

(4) 标志不符合规定要求的产品，则判该批次产品为不合格。

二、无公害食品蜂蜜（NY 5134－2002）

（一）无公害食品蜂蜜感官质量要求（见表 3－41）

表 3－41　　无公害食品蜂蜜感官质量要求

项　目	指　　标
色泽	具有该品种所具有的色泽。依品种不同从水白色至深褐色

续表

项　目	指　　标
气味与味道	有蜜源植物或花的香气。单花种蜂蜜有该种蜜源植物或花的香气。口感甜润或甜腻。某些品种略有刺激味。无其他异味
状态	常温下呈透明、半透明粘稠流体或结晶状。无发酵征兆
杂质	不含肉眼可见杂质

（二）无公害食品蜂蜜理化要求（见表3－42）

表3－42　　无公害食品蜂蜜理化要求

项　　目	指　　标
水分/（g/100g）	≤23
还原糖（以转化糖计）/（g/100g）	≥65
蔗糖/（g/100g）	≤8
灰分/（g/100g）	≤0.6
酸度，（1mol/L氢氧化钠）/（mL/100g）	≤4
淀粉酶活性（1%淀粉溶液）/［mL/（g.h）］	≥4

（三）无公害食品蜂蜜微生物要求（见表3－43）

表3－43　　无公害食品蜂蜜微生物要求

项　　目	指　　标
菌落总数/（cfu/g）	≤1000
大肠菌群/（NPN/100g）	≤30
霉菌总数/（cfu/g）	≤20
致病菌	不得检出

（四）无公害食品蜂蜜有毒有害物质限量（见表3－44）

表 3-44　　无公害食品蜂蜜有毒有害物质限量

项　　目	指　　标
铁（以 Fe 计）/（mg/kg）	≤20
锌（以 Zn 计）/（mg/kg）	≤25
铅（以 Pb 计）/（mg/kg）	≤1
羟甲基糠醛（HMF）/（mg/kg）	≤40
六六六/（mg/kg）	≤0.05
滴滴涕/（mg/kg）	≤0.05
四环素族抗生素/（mg/kg）	≤0.05
氟胺氰菊酯/（mg/kg）	≤0.05

思　考　题

1. 优质强筋小麦的质量指标如何划分？
2. 绿色食品番茄如何检验？
3. 绿色食品苹果的等级标准如何划分？
4. 盆栽观果植物的等级划分公共标准是什么？
5. 蛋制品的卫生感官指标是什么？
6. 畜禽屠宰过程中的卫生要求是什么？
7. 海蟹鲜度的检验？
8. 无公害食品木耳的感官指标是什么？

参考文献：

1. 张秀省、戴明勋等：《无公害农产品标准化生产》，中国农业科学技术出版社，2002 年版。

2. 联合国/欧洲经济委员会。中国—欧洲联盟农业技术中心编译。《农产品质量标准》，中国农业科学技术出版社，2003 年版。

3. 吴光红、费志良：《无公害水产品生产手册》，科学技术文献出版社，2003年版。

4. 孟凡乔、乔玉辉等：《绿色食品》，中国农业大学出版社，2003年版。

5. 中国标准出版社第一编辑室：《绿色食品标准汇编》，中国标准出版社，2003年版。

6. 中国标准出版社：《中国农业标准汇编》（粮油作物卷），中国标准出版社，1998年版。

7. 陈廷珠：《蜜蜂产品与保健》，中国农业出版社，2000年版。

8. 中国农业质量网，http：//www.caqs.gov.cn。

9. 中国花卉网，www.Netht.com。

10. 中国粮网，www.cngrain.com。

第四章 农产品储运

第一节 农产品仓储

一、仓库作业原理

市场经营的实践证明，在制造商与顾客之间，把仓库当作中间商来使用是正确的。一旦确定要使用仓库的话，接下来的步骤就要对它进行设计。仓库的基本设计，无论是手工作业的小仓库，或是有自动化设施的大仓库，都与以下三条基本原理有关：设计标准、搬运技术以及积载计划。现分别讨论说明如下。

（一）设计标准

仓库的设计标准体现了实际的仓库设施特征和储存产品运动。在设计过程中要考虑的三个因素分别为：设施中的楼层数、利用高度以及产品流程。

理想的仓库设计被限制在单一楼层，这样一来，储存产品就不必上下移动，因为利用电梯将储存产品从一个楼层搬移到下一个楼层费时费力。此外，电梯往往也是产品流程中的一个瓶颈地带，因为有许多材料搬运机通常都会竞相利用数量有限的电梯。尽管这种可能性一般不大，尤其是在商业中心地区，那里的土地有限或昂贵，但无论仓库位于何处，仍应该限制在单一楼层。

不管仓库设施的规模如何，仓库设计应该利用每一楼层最大允许使用的高度，最大限度地利用有效的立体空间。尽管现代的自动化多层仓库设施可以利用的有效高度达100英尺，但大多数仓库的高度一般都在20英尺至30英尺之间。通过使用装货架或其他硬件设施，可以将产品存放到建筑物的最高限度。但是，仓库最大的有效高度受到诸如叉式升降机之类的材料搬运设备的安全升降能力的限制，以及由架空的喷水系统强制实施的防火安全规章的限制。

仓库设计在考虑储存产品的流程时，不论是否存放货物，都应该使产品能够直接在整个仓库设施中流动。一般说来，这种要求意味着仓储作业应在仓库建筑物的一端接收产品，将其存放在中间，然后在另一端进行装运。

（二）搬运技术

仓库设计的第二条原理致力于材料搬运技术的效果和效率上，该原理的基本构成要素与移动连续性和移动规模经济有关。

移动连续性意味着用一辆材料搬运机或一部材料搬运设备进行更长时间的移动，比起用几辆搬运机对同样的移动作许多次单独的、短距离的分割移动来，将要好得多。可以想象，在搬运机之间交换产品，或者，将产品从一件设备转移到另一件设备上去，将会浪费作业时间和增加货物损坏的可能性。因此，一般说来，在仓库中首选的是次数更少但距离更长的移动。

移动规模经济是指所有的仓库活动要尽可能搬运和移动最大的数量。仓库活动应旨在移动诸如托盘或集装箱之类的成组货物，而不是移动单票货物。这种成组或成批的货物移动意味着有可能要在同一时间必须移动或选择多种产品或订货。尽管这种做法因必须考虑多种产品或多种订货，有可能增加单票货物移动的复杂性，但使用这种原理可以减少大量的活动，并因此降低仓储成本。

（三）积载计划

根据第三条原理，仓库设计应考虑产品特征，尤其是有关产品的流量、重量和积载因素。

在确定仓库的积载计划时，主要关心的问题是产品流量。一般说来，销售量高的或吞吐量大的产品应该在对它们进行移动时距离最短的位置。例如在主通道附近，或在堆存量低的装货架上。这种位置可以使移动距离最短和所需升降的高度最小。相反，低流量的储存产品可以安排在离主通道较远的位置上，或在堆放架的更高堆层上。

类似地，该计划还应包括具体的产品战略，它取决于储存产品的重量和积载特征。一般说来，相对较重的产品项目应安排在离地面较低的位置，以使升举重件货物的劳动强度和风险降到最低程度；而散装产品或低密度的产品则需要广阔的积载场地，以便于有开阔的地面空间或高层的堆放架可供它们使用。另一方面，较小型的产品还需要利用货架或货柜来堆放，而综合的积载还必须考虑和关注每一种产品的具体特征。

二、仓储战略

可供选择的仓储战略包括：私有仓库、公共仓库、合同仓库等。

有许多厂商是结合使用私有仓库、公共仓库和合同仓库来进行储存活动的。私有仓库和合同仓库可以被用来满足企业年度的基本需求，而公共仓库则可以用来应付旺季之需。在其他情况下，这样仓库可以是私有设施，市场销售或现场仓库可以使用公共仓库设施，而合同设施则可以同时用于上述两种情况。

通常说来，仓库全年都处于满仓的可能性极小。尽管按照一般的计划原则，仓库的设计旨在满仓利用，但事实上全年满仓利用的时间在75%—85%之间。因此，在15%—25%的时间里，那些旨在满足高峰时所需的仓库空间并没有得到充分利用，在这种情况下，也许可以采用更有效的办法是建私人仓库，以满足75%的需求，而用该仓库来应付高峰期的需求。

结合使用公共仓库的第二种形式产生于市场需要。一家厂商也许会发现，按照配送流量，私有仓储在某些特定的地点中是合理的；而在其他市场中，公共仓库则是最低的成本选择。

三、农产品的储存、保管和养护（措施和方法）

（一）新法贮藏红薯

1. 薯块消毒

（1）配制高浓度消毒液用70%甲基托布津或50%多菌灵500倍液处理薯块。每贮1000kg红薯需配制20kg药液。

（2）薯块消毒方法。用竹、木、砖等搭一个有斜度的床架，宽略大于盛薯箩筐，长1—3m。床面垫一层无破洞的塑料薄膜，形成中间低，两边高的浅槽。配好的药液用大口容器盛装，放在床架的低端下面，以能接着床架上流下的药液为宜。在晴天挖取成熟的薯块，将大小、好烂分开，当天挖的薯即用箩筐等沥水器具运回放于床架上，舀取药液反复冲淋薯块，要求冲透、淋匀，将床架下接的药液反复冲淋。沥干药液即可贮藏（也可将薯块直接浸入药液中捞出，但更费事费药。）。要点：收挖的红薯不过夜，应随挖随消毒，使薯块表面完全渗透药液，以保证杀菌的彻底性。

2. 贮藏二法

第一法：视贮量准备一张无破洞的塑料薄膜，选择排水良好，背风向阳的高燥地方，挖一深50—70cm的浅土坑，长、宽小于准备的薄膜。用上述红薯消毒液喷坑的四周，然后将经消毒处理的好薯块入坑堆好，厚30—50cm，略成馒头形，再在薯块上匀铺一层5—10cm厚的稻草，在稻草上面盖上准备的薄膜，最后将挖坑取出的泥土回铺到薄膜上，稍高出地面，也略成馒头形。注意轻放泥土，不要打破薄膜。土上可种上饲草等作物。贮期不须特殊管理，来年取出作种用或他用。此法不宜贮伤薯。

第二法：选择背风向阳的房屋一角或一间（视贮量而定），打扫干净，撒上一层生石灰或用上述红薯消毒液喷湿，即可将经消毒处理并沥干药液的薯块倒成堆（大小、好烂分开堆，有利于以后取用）。随挖随消毒随入堆，待挖完堆完后，在薯块上撒一层新鲜干燥的草木灰。气温高时（5°—10℃），可略见薯块。气温低时（0°—5℃），增加草木炭的厚度，严冬（0℃以下），可再增加草木灰厚度或增盖一层稻草保温。此法用草木灰能透气保温杀菌兼防鼠，且可随时取用，很方便。若贮期鼠害严重，不要移动被咬薯块，可将灭鼠药撒于薯块新鲜咬烂处，隔几天鼠灭后将此薯块拣出妥善处理。

（二）小麦贮藏技术

1. 趁热装包，高温密闭。利用小麦的耐热性，在高温的晴天晾晒、贮藏，可起到干燥、促进后熟、杀虫抑菌的作用。具体做法：（1）选高温晴朗的天气晒麦粒。先晒地坝，后摊晒小麦。要求摊薄、摊匀。（2）勤翻动。将麦温晒到50℃持续2小时，使含水量小于12.5%。（3）闷堆杀虫。将摊晒的小麦堆成2500kg的小堆，热闷半小时，使麦温保持46℃以上。（4）清洗消毒预热。在入库前，应对仓库、工具、器材等进行清洗、消毒、预热。（5）趁热入仓库，及时覆盖密闭，防吸湿散热、害虫复苏为害等。维持10天42℃的温度，可杀死害虫幼、成虫及其蛹、卵。

2. 控制水分，维持低温低氧。为了对小麦进行长期贮藏，提高贮粮的稳定性，必须控制小麦的含水量，维持低温低氧状态。对于含水量低于12.5%的小麦进行散堆密封防潮，可安全贮藏；含水量14%—15%的小麦如温度上升至22℃时，若管理不善，则易腐败。而对已贮藏1—2年的小麦，采用热密闭和趁冬季低温翻仓去杂。摊薄降温后趁冷装仓，进行“冷密闭”贮藏，可防小麦变质、生虫、发霉等，达到安全贮藏的目的。

（三）水稻种子贮藏

1. 窖藏法。选背风向阳，地势略高，地下水位低的地方挖窖。窖的大小按贮种量、地势、土质而定。一般2.5m^3的窖容可贮250kg稻种。窖深以1.5—2.0m为宜，如挖窖过深，窖温增高，地下水上升，种子含水量增加。窖容以2m^3左右为宜，土质好的也不宜超过3m^3。长形窖比圆形窖好，容易与地温接近，能自然控制温度，不致发热坏种。入窖时期，以土层上冻3—6cm厚时为好，出窖时间以化冻6—10cm为好。过早出窖，气温尚不稳定，一冻一化，受变温中的低温影响易降低发芽率；过晚出窖，阳气上升，地下水提高，种子易受潮，降低生活力。出窖后的种子应苫盖防寒，更不要马上暴晒，造成破皮，降低发芽率，应逐渐风干晾种，再行晒种，这样可提高发芽率。

2. 暖库保管法。暖库就是库内增加取暖设备，一般是增设炉子或地火龙式的火墙。在气温最低时生火，适当增温，特别是黎明时温度低更应增温。库温应根据种子含水量确定，水分小则库温可低些，水分大则库温调高些。种子含水量在16%左右时，宜保持库温在0°—5℃之间。

3. 分户保管法。在住人房间炕梢垫上15—30cm高的木板，或南北炕间搭板，在木板上放3—5袋种子过冬。这种方法实际上是一种温室保管。因室温较高，又较稳定，空气也较干燥，种子水分能逐渐下降，所以比较安全，能使种子保持较高的发芽率。在保管期间，切忌里外屋搬出搬进，更不要在有锅灶做饭湿度大的屋内保管，以免增加水分和因温度变幅大而刺激种子，降低发芽力。

4. 冷库保管法。凡种子水分不超过14%的可用冷库保管。这种保管法，是在库内立囤。库房地面没有地板的，要垫枕木和木板，铺上草帘、炕席隔潮，然后立囤，四周再围上草帘，囤顶也要盖草帘保温。

5. 室外露天保管法。种子含水量低的可采取这种保管方法。选背风向阳地势高的地方立囤，囤底垫木棱，铺15—30cm厚干稻草，再铺草帘或炕席，四周围上草帘，中间堆放稻种，高2—3m，然后用稻草严密覆盖，苫好顶部。由于囤北面和西面受风影响较大，受低温冷害重，往往发芽率低于东面和南面，因此，西面、北面应加厚防护层。

（四）绿豆的储存与保管

绿豆不易保管，极好生虫，如何储存保管呢？

对于绿豆储藏危害最大的是绿豆象。绿豆象习惯上人们称它为“豆牛子”，其成虫极为活跃，在交尾10分钟后即可产卵，卵产在绿豆豆粒中，每粒有卵4—5个。每个雌绿豆象可产卵70—80个，会很快将绿豆蛀成空壳，失去发芽率，甚至连食用都不能。

防止的办法是：首先将绿豆扬净晒干（注意不要在水泥地面、铁板和油毡上暴晒，以防将豆晒死而成为不能生芽或芽弱的坏胚芽豆），一律过筛，在25度的温度条件下，每1000立方毫米绿豆用1.6克磷化铝药物（化工商店或兽医院有售）熏蒸3—5天，防治效果最好。既能杀死虫卵，又不影响食用和生产豆芽用。然后再暴晒两天装入囤内，周围填充麦糠，压紧密闭严实，半个月左右杀虫率可达到98%—100%。放置干燥处，不要受潮伤热，以免出现缺氧走油，注意一定要密封严实，即可避免生虫。务请注意保持通风，千万不能与化肥、农药、樟脑丸和机油、柴油、汽油等有害物质混放在一起。不可密封储藏于塑料袋中，因为这种包装材料不透气，种豆在包装中呼吸会受阻，会抑制种豆的生命活力，影响种豆的萌芽。种豆的水分应保持在14%以下，含水量过高，种豆的呼吸就会很旺盛，消耗的营养物质就会很多，同时还会产生释放出热量，造成蛋白质变质，尤其是夏季，一二个月就会全部霉烂，不能使用。如果家庭储藏少量的食用绿豆，可用沸水浸泡烫1小时，然后放入冷水中浸泡一下，再晒干，即可防止虫蛀，并保持食用品质，但不能再用来生产豆芽。

（五）番茄的贮藏保鲜技术

1. 采收及采后处理

贮藏用的番茄采收前两天不宜灌水，防止果实吸水膨胀和果皮产生裂痕，从而导致微生物感染和果实腐烂变质。应在早晨或傍晚无露水时采摘，采摘时轻拿轻放，避免造成伤口。包装容器不宜过大，以免上面的果实将下面的压伤。番茄采收后，应放在阴凉通风处散热，或放在冷库内预冷到13℃，然后挑选入库贮藏，成熟度不同的果实要分别存放，便于管理。

2. 贮藏方法

（1）简易贮藏。夏秋季节可利用地窖、通风库、地下室等阴冈场所贮藏番茄，筐或箱存时，应内衬干净纸或垫上用0.5%漂白粉消毒的薄包，防果实碰伤。将选好的番茄装入容器中，一般只装4—5层。包装箱码成4个高，箱底层垫枕木或空筐，箱间要留有空隙，利于通风。也可将果实直接堆放在货架上或地面上，码放3—5层果实为宜，架宽和堆宽不应超过0.8—1m，以利通风散热并防止压伤，衬垫物同筐装，层间垫消毒薄包或牛皮纸，则取上层可稍加覆盖（纸或薄膜）。入贮后，就加强夜间通风换气降低库温。贮藏期间每 7—10 天检查一次，挑出病烂果实，红熟果实应挑出销售或黑心入 0°—2℃库中继续贮藏。该法一般贮藏 20—30 天后果实全部转红。秋季如果能将温度控制在 10°—13℃，番茄也可以贮藏一个月。

（2）冷藏。夏季调温季节用机冷藏库贮藏，贮藏效果更好，绿熟果的适宜温度为 12°—13℃，红熟果 1°—2℃，贮藏期可延长到 30—45 天左右。

（3）气调贮藏。气调贮藏应在 10°—13℃下，保持贮藏环境中有 2%—4%的氧和 3%—6%的二氧化碳。当氧低于 2%时，果皮上会出现局部下陷和浅褐色斑痕，严重时果皮变白，果蒂部腐烂。二氧化碳过高时，果皮上会出现白点，然后黑心为棕色斑点。正面介绍简易气调方法。

①塑料薄膜大气调贮藏。用 0.1—0.2mm 厚的塑料膜作成密闭塑料帐，容量约 1000—2000kg，用快速充氮降氧法或自然降氧法都行，帐内加硝石灰（果重的 1%—2%）吸收多余的二氧化碳。氧不足时充入新鲜空气。由于帐内温度较高，果实易感染发病，加防腐剂可控制病害发生，可通入 0.2%氯气，每 2—3 天施用一次将 0.5%，有效期为 10 天可用 0.05—0.1ml/1 仲丁胺，也有良好效果，有效期约 20—30 天，每月使用 1 次。帐内加入浸透饱和高锰酸钾的砖块，吸收乙烯，效果更好。

②塑料薄膜袋小包装贮藏。将番茄放入 0.06mm 厚的聚乙烯薄膜袋中，扎紧袋口，放入冷库中，每隔两三天，开袋放风，果实转红后，袋口不必扎紧，每袋 5kg 左右，防腐措施参照上述方法进行。用气调贮藏的番茄入贮前要进行严格挑选，剔除病伤果。

（六）菜花和马铃薯的贮藏方法

1.菜花冬藏四法

（1）塑料袋贮藏。先用细钉在塑料袋上下部分别扎两对小孔，然后把菜花装袋，大菜花一袋装一个，中、小菜花一袋可装2—5个，随即把袋口扎紧，置于干燥干净的空屋内排好垛，保持室温在0℃左右，天冷时应覆盖，如袋内有水珠出现时可每周开袋放风1次。

（2）窖内堆藏。窖内地面铺6—7cm厚的干沙，将晾好的菜花排3—4层，宽1m左右，最后在上面搭盖薄膜。窖内温度降至0℃以下时，应覆盖草苫，以后每半月倒菜一次，剔除病烂菜花，及时通风换气，使堆内温度保持在-1°—0℃为宜。此法可贮藏至春节前后。

（3）低温沟藏。在背阴处，挖宽70—90cm，深1m左右的沟，沟底铺一层干沙，然后把带6—7cm根茎，保留顶端3片叶片的菜花放入沟内，应注意，放置的菜花第一层花球向上，第二层花球向下，头对头排入沟内，排完后花球离地表35cm左右，还应注意检查、倒菜。前期不覆盖或用草席搭盖，小雪后可盖薄膜，保持沟内温度在0℃左右，前期要防雨，后期应及时扫雪。

（4）假植贮藏。将贮存菜花的植株连根刨起，摘去下部老黄叶，带土栽到阳畦内。栽植的密度以叶片嵌错但不密挤不折叠为宜。栽后浇水，覆盖薄膜，天冷夜间可覆盖草苫，白天温度保持在20℃左右为宜，夜间温度不要低于10℃，并注意应保持适宜的湿度，白天应揭开草苫，通风降温。注意避免薄膜压贴叶片。此法适用未成熟菜花的贮存。

2.马铃薯的贮藏方法

（1）夏马铃薯的贮藏。马铃薯有2—4月的休假期，夏季收获正值高温季节，可将薯块放在阴凉通风处堆放预贮，立冬后再入窖贮藏。堆中插放通风管，并用草苫遮光。

(2) 秋马铃薯的贮藏。秋马铃薯在立冬前后收获，入窖贮藏的适宜温度是3℃—5℃，相对湿度为80%—85%。可用萘乙酸甲酯抑制马铃薯发芽，使用时先用丙酮稀释，再与细土混和成药土，将药土撒在薯堆内，每5000kg薯块用药200—250g（制成7.5—15kg药土），注意此药需在解除休眠期前使用。

（七）辣椒的贮藏保鲜方法

1. 控温控湿法

将适时采摘的辣椒轻放入专用鲜贮塑料袋或硅窗袋中，每5—10kg装一袋。同时应注意避免碰倒辣椒。入库前应在室温下预冷1—2天，将开始转红、有机械操作的辣椒和嫩椒挑出，后放入阴凉的仓室内。堆放时不宜过高过重以防压坏下面的辣椒，最好应搭架分层分格堆放。同时应使仓室内的温度控制在5°—10℃，相对湿度控制在85%左右，尤其应注意在春天时，仓室内的温度不能超过8℃，相对湿度不应大于80%。期间做好贮藏检查管理工作，及时挑选出烂果。

2. 沙藏法

首先应选择比较阴凉的地方，后挖一宽1m，深1m，长度不限的沟。并将挖出的土培垒在沟的四周，使沟的总深度在1.3m左右。并在沟底铺一层3cm厚的选净了的潮湿细沙，后摆一层辣椒，撒一层细砂将辣椒盖住，共摆5—6层。再在上面盖约6cm厚的潮湿细沙，这样使沟内保持80%左右的相对湿度。最后在沟顶横放竹竿，在竹竿上放草垫。最初在沟顶横放竹竿，在竹竿上放草垫。最初在白天盖上草垫，晚上揭去草垫。但随着沟内温度的下降，晚上可不再揭草垫，且还要逐渐加厚草垫，以使沟内的温度保持在5°—8℃左右。每隔15天翻动一次，拣选出不宜再继续贮藏的辣椒上市销售或自己食用。

3. 窖内盖藏

先挖一个半地下式的贮藏窖，窖的大小可根据贮藏的辣椒量的多少而定。把选好的辣椒装入垫有纸的竹筐中，放入窖内，后用湿草席围在竹筐的四周和盖在筐顶。草席干后要及时喷水，使窖内的相对湿度保持在80%左右，温度保持在5°—8℃。这与沙藏法的要求相同。

用上述几种方法，可使夏收辣椒贮藏保鲜2个多月左右，秋种冬收的辣椒可贮藏更长的时间，达3个多月。

（八）大白菜的贮藏保鲜

大白菜喜冷凉湿润，贮藏适宜温度1±1℃，空气相对湿度85%—90%，采用半地下式菜窖贮藏为宜。

1. 窖的建造

选择地势高。交通便利的地方建窖。按南北方向挖窖，宽4—5m，长20—30m，由地面向下挖1—1.3m。四周筑墙，高1—1.2m，厚1—1.2m，从窖底到窖顶高2.7m。每隔3.3m架一根梁，梁上架木椽，上铺木料、树杈等，上面盖2.5—3.5cm厚的土。窖顶每隔3.3m留一个天窗，窖门设在东、南方向。距窖底50cm处每隔3.3m挖一个30cm的气眼通向地面。

2. 贮前准备

适时采收后，将白菜放倒在地里，晾晒2—3天，并翻倒1—2次。晒好后的白菜先进行预贮。将白菜一颗颗立着码好，3—5天倒1次。预贮要根据天气而定，如低温来得早，要及时入窖。

3. 贮后管理

大白菜在窖内码成数列高近2m，宽1—2棵菜长的条形垛，一般根对根排列，垛间留有一定距离，以便通风和管理。管理分三个时期：入窖初期（11—12月）以防热为主。每隔6—7天倒菜1次，即将下部菜倒到上部，将烂叶去掉，同时利用天窗、气眼尽量通风换气；贮藏中期（1—2月）以防冻为主。每隔15—20天倒码1次，减少通风次数。打开天窗通风时，应由小到大；贮藏后期（3月后）以防热为主。每隔7—8天倒菜1次。一般夜间打开天窗、气眼。另外，如条件许可，在窖内搭成架子贮藏，每个架格存放2—3层架。从白菜入窖到出窖不倒菜，这样不仅节省大量人工，又可充分利用窖内空间。

（九）大蒜的简易贮藏

大蒜贮藏的关键是创造适宜休眠的环境条件，抑制幼芽萌发和腐烂。适宜大蒜贮藏的理想环境条件是：低温、低湿、通风。最适宜的温度是0℃左右，相对湿度是70%—80%。它的简易鲜藏，即不需要特殊复杂的工艺设备，更不需固定的贮存场所，因地制宜，就地取材，工艺简单，费用低廉，贮藏时间可达7—8个月，贮藏方法有挂藏，架藏和窖藏。

1. 挂藏

采收后的大蒜、要选以蒜瓣肥大、色泽洁白，无病斑无伤口的贮藏，蒜发黄、发软，茎盘变黄，霉烂蒜瓣都要剔出。在阳光下晒2—4天，使叶鞘，鳞片充分干燥失水，促进蒜头迅速进入休眠期，这个过程叫预藏。然后每40个蒜头编成一组，每两组合在一起，切忌打捆。在阴凉、干燥、通风好的房屋或阴棚下支架，将大蒜辫挂在架上，标瓣不要接触地面，四周用席围上，不能靠墙，防止淋雨或水浸。这种方法，简单易行，贮藏期间不倒动，管理粗放。

2. 架藏

预藏方式和挂藏一样，编组成辫，但场地要求高，通常选择通风良好、干燥的室内场地，有通风设备的室内场地更好。室内放置木制或竹制的梯架，架形有台形梯架，锥形梯架等，梯架横隔间距要大，以利空气流通。将编好的蒜辫分岔跨于横隔上，摆放不能过密，周围不能接触地面和墙壁。贮存初期每隔2—3天上下倒翻一次，并随时剔出腐蒜、病蒜、注意通风，忌受潮湿。

3. 窖藏

贮存窖多数为地下式或半地下式，贮存原理是利用地下温度，湿度受外界条件较小影响的特点，创造一个比较稳定的鲜藏环境。窖址一定挑选在：干燥、地势高、不积水、通风好的地方。窖内的温度由窖的深浅决定，窖的形式多种多样，采用较多的是窑窖、井窖，大蒜在窖内可以散堆，也可以围垛。最好是窖底铺一层干麦秆或谷壳，然后一层大蒜一层麦秆或谷壳，不要堆得太厚，窖内设置通风孔，要经常清理窖，及时剔出病变烂蒜。

四、如何安全贮粮

安全贮粮包含两方面的涵义，一是要防止粮食受虫、霉菌、鼠、雀危害和火灾、水淹、偷盗等损失；二是在处理粮食的过程中和处理后要注意人畜的安全。

(一) 改善贮粮基本条件

要做到“上不漏，下不潮，能密闭，能通风，既防虫，又防鼠，既隔热，又耐用”。这里介绍几种经济适用的装具，供农家选用。

1. 活动仓

这种仓不仅有防虫、防鼠、防潮和防火四大优点，还具有取材方便、制作简单、造价低廉、可拆可装、移动方便等优越性。用长2m、厚3cm的木条钉制一个长方形木框，再用长1m、宽1m、厚3cm的木条钉制一个正方形木框（板模的大小可根据贮粮的多少、粮仓组装的位置扩大或缩小比例），将钉制好的两个板模，分别用混凝土（中细沙拌水泥）加钢筋或8#铁丝制作2块长方形、2块正方形钢筋水泥板，并在每块板的四角边缘约10cm处留4个直径约0.5cm的拴板孔（穿孔应在制板时趁板未干时进行），每块板的拴板孔位置必须一致，每块板的厚度与板模厚度一样（3cm），板制好后即可组装。组装需3人，先把1块长方形、1块正方形两块板抬到组装位置拼成直角，一人扶一板，另一人用粗细适中的铁丝拴在两板孔中用钢钳扭紧，也可用直径0.3—0.4cm的螺丝固定，另两块板用同样的方法组装，拼组成一个长方形"口"字粮仓。其底板与盖板可用上述同样的方法制作，不同的是制作底板应在粮仓组装好后进行，不需板模，只需在其仓底铺上一张薄膜（利于防潮，便于卸板），然后倒入混凝土加入钢筋抹平抹光即可。盖板应按粮仓仓面的面积制作两块二合一的钢筋水泥板，这样使用起来更为轻便。

2. 砖砌仓

选好做仓的位置后，靠墙做仓。如屋墙是砖墙或石墙，做砖格子仓更为省事。但这些仓一经做成不能搬动，因此要注意选好做仓位置。其大小可根据需要确定，仓内也可以砌成若干方格以分贮不同品种。仓顶可选用石板、水泥板、木板或铁板，并设置进粮口。仓底要注意防潮，可垫高出地面25—30cm的石条仓脚，并做成向外倾斜的坡面，在仓底最低处设置出粮口。

3. 竹胎水泥囤。用粗、宽、厚的篾条编成囤胎，一般为坛子形，把篾条晒干后，用1:2的水泥沙浆，在竹胎囤内外糊1cm厚的防护水泥层，待阴干后即可使用。为了防潮，水泥囤要放在预先做好的石墩上，囤子底下面还可以垫一块塑料薄膜。

（二）把住入仓粮食质量关

入仓粮食要"一干二净三饱满"。

1. 干

即粮食的水分含量要低，要达到安全的含水量标准。一般要求大米水分不超过14%，稻谷不超过13.5%，小麦不超过12.5%，玉米不超过13%，绿豆不超过12.5%，豌、蚕豆不超过12.5%，黄豆不超过12%，花生果不超过10%。

2. 净

即粮食内混进的杂质要少。杂质包括泥土、石子、灰渣和杂草种子、植物的枝叶残片、异种粮粒等。因此入仓前要清除杂质，使杂质的比例控制在标准以下（稻谷、小麦、玉米不超过1%，大米不超过0.4%）。

3. 饱满

粮食籽粒要充分成熟、完整，对种子粮，这一条要求更高，否则会影响发芽率和安全贮存的时间。一般要求粮食中的这些不完善籽粒最高不超过6%。

要做到“一干二净三饱满”，除在收获后的几天下功夫外，还要求从田间管理就开始注意。田间除草要彻底，病虫防治要及时，这样才能减少粮食中混进杂草种子和病害、虫蚀籽。要掌握适时收获脱粒，晒干扬净。尤其要掌握在晴天抢收抢晒，做到“快收获、快脱粒、快晒干、快风净、快入仓”。

（三）彻底防治贮粮害虫

常见的贮粮害虫有米黑虫、黄粉虫、玉米象、豌豆象、蚕豆象、绿豆象、麦蛾、谷蠹、螨类等。主要防治方法：

1. 密闭防虫

用坛、缸、囤等贮粮的，可用塑料薄膜封口，扎紧并用稀泥密封；也可用厚（0.14mm）薄膜，用烙铁焊接成双层塑料袋，装满粮后，反复用绳扎紧袋口。这样密闭后，可利用粮食旺盛的呼吸作用，逐渐将氧气耗尽，造成一种缺氧或低氧状态，抑制害虫的繁殖，从而达到安全贮粮。

2. 压盖防虫

主要用于防止蛾类害虫，尤其是麦蛾。将粮食压盖好，使蛾类成虫无法交尾产卵，不能繁殖出幼虫危害粮食。压盖时间最好在新收的稻谷、玉米、小麦等入仓后立即进行。将晒干的沙子装入麻袋或塑料袋，平整地铺放在粮面上，使压盖严、紧、密、实。也可在平整的粮面上铺一层牛皮纸，纸上均匀压盖10—15cm的草木灰。

3. 生姜防虫

生姜对贮粮害虫有强烈的刺激作用，可抑制害虫的活动。将生姜切成碎片，晒干后放在粮食表面，每100kg粮食放200—250g生姜。然后，把贮粮的容器口盖严，可取得良好的防虫效果。

4. 海带防虫

100kg粮食（大米、小麦、玉米、稻谷等），放0.8—1kg干海带，能吸水分，杀灭害虫。据测定，粮食中放干海带，7天里就能吸收粮食中3%的水分，使90%以上的螨和蛾类害虫死亡。

5. 花椒防虫

用一个小布袋，内装10—15g新花椒，放入贮粮的坛内，若是用缸、囤贮粮，可多放几袋，用盖盖好，可有效地防止害虫感染。

6. 暴晒杀虫

暴晒是以太阳辐射热作用于虫体，破坏虫体组织和生活机能，使害虫致死。同时，暴晒还具有防潮、防霉的作用。小麦、玉米、豌豆、蚕豆等粮食有害虫可用此法。选择炎热晴天，将粮置于容易升温的晒场上摊晒。要薄摊勤翻，使粮温上升到48℃左右，并在这种温度下持续翻晒3—4小时，然后将粮食趁热聚堆，以保持堆内高温，即可将虫晒死或闷死，待粮温下降到接近大气温度时，再用风车或筛子除去杂质和死虫，然后入仓。

7. 开水杀虫

数量不多的豌豆、蚕豆、绿豆等生虫可用此法，杀虫效果高达100%。先烧好适量的开水，并保持锅里开水的温度，再将生虫的豆类装在箩筐或竹篮里，浸泡在开水中，并不断搅拌，使其受热均匀，经浸烫半分钟（注意：浸烫时间过长会杀死胚芽而丧失发芽力），立即提出浸入备好的冷水中，降温后再晒干。然后装入能密闭的容器内贮存。

8. 药剂杀虫

用于杀灭贮粮害虫的药剂是经过严格选择的，必须具备两个重要条件：一是化学性质较稳定，不易爆炸和燃烧；二是能杀死多种害虫，没有残毒或残毒极微。目前农家使用的贮粮杀虫药剂主要有磷化铝和防虫磷两种。(1) 磷化铝杀虫。此药有粉剂和片剂两种。它能吸收空气中的水汽产生磷化氢毒气，对害虫产生高效的毒杀作用。熏蒸稻谷、玉米、小麦、高粱等，每 m^3 仓容用药 3—6g（1—2 片）；熏蒸豌豆、蚕豆、绿豆等，每 m^3 仓容用药 6—9g，可处理粮食 600—750kg。其方法是在密封装具的粮堆表面中心部位放一层牛皮纸，将磷化铝按计算好的用药量迅速放在纸上，然后立即封闭装具口。若用塑料袋装粮，则用细绳扎紧袋口即可。经过 5—7 天的密闭熏蒸，即可杀死贮粮全部害虫。7 天后可开封散毒。(2) 防虫磷杀虫。稻谷、小麦、玉米等各种原粮和种子粮的害虫，均可用防虫磷有效地防治。用药量 20ppm—30ppm。按 1000kg 粮食用 1kg 稻壳的比例，选用洁净干燥的稻壳，使用前 1—2 天将稻壳薄摊在室内地面，用超低量喷雾器将所需药剂（不加水）喷入整堆稻壳中，阴干后即可使用。贮粮是将药壳均匀撒入粮食中，一般一箩筐粮食撒入一把药壳即可。施药后无需搅拌。

如何预防事故的发生也是仓库管理中主要关心的问题。一般说来，明智的仓库安全规则应该包括不间断地检查工作程序和安全设备，以期在事故发生以前确定和纠正不安全状况。对于材料搬运设备来说，必须制定相应的预防性维修规划。

第二节　农产品运输及其工具的选择

一、农产品运输的目的和意义

由于农产品生产具有较强的地域性，农产品收获后，除少部分就地供应外，大量产品需要转运到人口集中的城市、工矿区和贸易集中地销售。为了实现异地销售，运输在生产与消费之间起着桥梁作用，是商品流通中必不可少的重要环节。农产品包装以后，只有通过各种运输环节，才能到达消费者手中，才能实现产品的价值。

随着人们生活水平的不断提高、收入的增加，人们对农产品的数量、质量、花色品种的要求越来越高，同时农产品生产受地域限制，但又必须全年供应，均衡上市，调剂余缺，这样对运输就提出了更高的要求。良好的运输必将对经济建设产生重大影响。具体体现在：第一，通过运输满足人们的生活需要，有利于提高人民的生活水平和健康水平；第二，运输的发展也推动了新鲜农产品的生产发展；第三，对货畅其流，加速周转、提高流通效率，运输是一个重要的环节；第四，部分农产品通过运输出口创汇，换回我国经济建设所需物资。农产品出口商品的质量和交货期，直接关系到我国对外信誉和外汇收入。

二、各种运输方式及其特点

按照运输路线和运输工具的不同，可把农产品的运输分为陆路、水路、空中等不同的运输方式。陆路运输包括公路和铁路运输。水路运输又包括河运和海运。

国民经济对运输的要求是：载运量大、成本低、投资少、速度快、受季节和环境变化的影响小。

现有各种运输方式比较表（见表4-1）：

表4-1　各种运输方式比较

运输方式	运输量	运价	速度	连续性	灵活性
铁路	2	2	3	1	3
河运	3	3	5	5	4
海运	1	1	4	4	5
公路	4	4	2	2	1
航空	5	5	1	3	2

注：表中各种运输方式的性能中以“1”为最好

从表4-1中可以看出，不同运输方式的优缺点是相对的。因此它们在全国统一的运输网中，各有一定的地位和作用，又各有其局限性。各种运输方式所完成的自农产品生产地到消费地的运输过程，是一个运输系统工程。有些是由一种运输方式完成的，而更多的是通过几种运输方式联合完成。因此，在实现运输现代化的过程中，如何发挥各种运输方式的优势、合理利用与综合发展各种运输方式、降低农产品成本和提高农产品运输效率等方面，具有重要意义。

各种运输方式的合理使用范围，随着科学技术的进步而不断变化。例如，随着公路的高速化发展，公路的农产品运输量有超过铁路运输的趋势；而铁路和水运由于运量大、运费低、耗能低，在大宗农产品（粮食、棉花等）运输中仍占着较大比重。

三、农产品运输方式的经济评价

（一）铁路运输

具有载运量大，运价低，受季节性变化影响小，送达速度快，连续性强等优越性。运输成本略高于水运干线，为汽车平均成本的1/5—1/20。铁路适于大宗农产品：如粮食、棉花、耐储蔬菜、耐储水果以及活牛、羊、猪等的长距离运输。

（二）水上运输

具有载运量大、成本低、能耗少等优越性，尤其海运是最便宜的运输方式。海运价格只有铁路的1/8，公路的1/40。但因受自然条件的限制，水运的连续性差、速度慢。因此，水运适合于承担时效不强的粮食、棉花等大宗农产品的长距离运输。

（三）公路运输

这是我国最重要和最普通的中短途运输方式。汽车运输虽具有成本高、载运量小、能耗大、劳动生产率低等不利因素，但对不同的自然条件适应性很强，可以实现农产品生产地到消费者手中的点对点运输，运输的灵活性最强，且无须货物换装，最适合于时效性很强的水果、蔬菜、鲜活水产品、花卉等的中短距离运输。

（四）航空运输

运行速度最快，航线直。航空运输平均送达速度比铁路快6—7倍，比水运快29倍，可跨越各种天然障碍。但运费高、运量小、能耗大，只适合于时效性级强的鲜活水产品、特供蔬菜、名贵花卉等的长距离运输。

四、运输工具

目前农产品中短途运输是以公路汽车运输为主的，包括普通货运卡车、冷藏汽车等。铁路仍然承担着大量农产品的运输任务，以下重点介绍几种铁路运输工具。

（一）普通棚车

在我国农产品运输中，普通有棚货车仍为重要的运输工具。车厢内没有温度调节控制设备，受自然气温的影响大，适于粮食、棉花、耐储蔬菜、耐储水果的长距离运输。

（二）通风隔热车

隔热车是一种仅具有隔热的车体，车内无任何制冷和加温设备的保温车。在农产品运输的过程中，主要依靠隔热性能良好的车体保温作用来减少车内外的热量交换，以保证货物在运输期间的温度波动不超过允许的范围。这种车辆适于大宗蔬菜、水果等的长距离运输。

（三）冷藏车

冷藏车的特点是车体隔热、气密性好，车内有冷却装置，在温热季节能在车内保持比外界气温低的温度。冷藏车在寒季还可以用于不加冷保温的运送或加温运送，在车内保持比外界气温高的温度。这种车辆最适于时效性强的水果、蔬菜、水产品的保鲜长距离运输。

（四）集装箱

集装箱运输是当今世界正在迅速发展的运输工具，既节省人力、时间，又保证产品质量，实现“门对门”的服务，是现代运输工具中的一大革新。有一些集装箱又加装了隔热保温设备和制冷设备，使其运输范围进一步扩大。对农产品来说，集装箱适于那些包装精细、需要点对点运输的产品，特别是加装隔层和制冷设备的集装箱在北方冬季也适于运输冷冻水产品。

思考题

1. 主要运输方式主要适于哪些农产品的运输？

第五章　财务会计

会计是一种以货币作为主要计量单位，对企业或其他经济组织的经济活动进行连续、系统、综合、全面地核算和监督的经济管理活动。伴随着社会经济的发展和科学技术的进步，会计逐步形成一系列专门的程序、方法和技术，其内容和形式不断变化与完善。现代企业会计已经形成财务会计和管理会计两个主要分支。

财务会计是在企业会计准则和会计制度的指导、规范下，以确认、计量、记录、报告企业已经发生或已经完成的经济业务对企业财务状况和经营成果的影响为中心内容，以提供通用财务报告为主要手段，主要向企业和企业外部有利害关系的各个方面提供财务信息，满足有关方面进行经济决策的需要为目标的会计。

第一节　记账方法、核算和结算

一、记账方法

（一）记账方法概述

记账方法是指根据会计的一定原理和规则，采用统一的货币计量单位，运用一定的记账符号将发生的经济业务记录到账簿中去的方法。

设置会计科目和建立账户就好比在一个风景名胜区按照预先设计的图纸建造的一座旅店内的、为了满足不同层次顾客需要而编了号的房间。而怎样才能使这些房间发挥自己应有的作用就是我们需要了解和掌握的记账方法。按照会计科目开设的账户，将发生经济业务如实地在相关账簿中进行登记，这就是记账方法的意义所在。按其记录经济业务方式的不同，记账方法可以分为单式记账和复式记账。

单式记账法是指对发生的经济业务，只在一个账户中进行反映的记账方法。单式记账法是一种比较简单和不完整的记账方法，尽管其具有手续比较简单的优点，但是由于它没有完整的账户体系，账户之间不能形成相互对应和平衡的关系，所以不能全面系统地反映经济业务的来龙去脉，也不便于检查账户记录的正确性。

和单式记账法相对应的是复式记账法，它是由单式记账法逐步发展演变而来的一类科学的记账方法。复式记账法是指对发生的每一笔经济业务都必须以相等的金额，在相互有联系的两个或两个以上的账户中同时进行反映的记账方法。这种记账方法虽然相对于单式记账方法来讲记账手续比较复杂，但是由于其能全面系统地反映经济业务的来龙去脉，保持账户之间的相互对应和平衡关系，所以能够提高会计信息的清晰度，有利于账户记录的正确性和进行试算平衡的检查。

复式记账法主要有：借贷复式记账法、增减复式记账法和收付复式记账法等 3 种，而目前我国使用的是借贷复式记账法。

（二）借贷记账法的内容

借贷复式记账法简称借贷记账法，是指以“借”和“贷”为记账符号，反映会计要素增减变动情况的一种复式记账法。

最初的“借”与“贷”是与商品经济中的借贷关系相联系的经济范畴，是与经济往来中的债权、债务相关的借贷关系的一种表示方法。随着商品经济的发展，“借”与“贷”已经逐渐地失去了其原有的“借”进来和“贷”出去的含义，而成为一种单纯的记账符号。就像人的名字只是识别各个人的一种符号而已。借贷记账法的主要特点是：

以“借”与“贷”为记账符号。借贷记账法下账户的基本结构是：左方为借方，右方为贷方。至于究竟是哪方登记增加，哪方登记减少，则要取决于账户所反映的经济内容。由于复式记账法是建立在“资产 = 负债 + 所有者权益 + （收入 - 费用）”会计等式理论基础之上的，因此借贷记账法下账户登记增减的一般规律如表 5 - 1 所示：

表 5 - 1　　账户的基本结构

借方　　　　账户名称	贷方
资产或费用的期初余额	负债、所有者权益或利润的期初余额
资产或费用的增加 负债、所有者权益、收入或利润的减少	负债、所有者权益、收入或利润的增加、资产或费用的减少
资产或费用的期末余额	负债、所有者权益或利润的期末余额

上述账户中所表达的期初余额与期末余额之间存在以下关系：

资产或费用类账户：期末余额 = 期初余额 + 借方本期发生额 - 贷方本期发生额

负债、所有者权益等类账户：期末余额 = 期初余额 + 贷方本期发生额 - 借方本期发生额

借贷记账法的记账规则是：有借必有贷，借贷必相等。根据

这一规则，经济业务一旦发生，则都必须以相等的金额，在两个或两个以上相关联的账户中进行登记。例如：当企业用银行存款5000元购买材料的经济业务发生时，将会使“银行存款”和“原材料”两个资产类账户一增一减5 000元；其会计分录是：

借：原材料　　　　5 000

　　贷：银行存款　　　　5 000

当企业从银行借入短期借款10 000元并直接用于偿还了一笔应付账款的经济业务发生时：将会使“短期借款”和“应付账款”两个负债类账户一增一减10 000元；其会计分录是：

借：应付账款　　　　10 000

　　贷：短期借款　　　　10 000

当企业收到一笔捐赠资金20 000元并存入银行的经济业务发生时，将会使“银行存款”一个资产类账户和“资本公积”一个所有者权益类账户同时增加20 000元；其会计分录是：

借：银行存款　　　　20 000

　　贷：资本公积　　　　20 000

当企业用银行存款50 000元归还了银行的一笔长期借款的经济业务发生时，将会使“银行存款”一个资产类账户和“长期借款”一个负债类账户同时减少50 000元。其会计分录是：

借：长期借款　　　　50 000

　　贷：银行存款　　　　50 000

对上述经济业务加以分析，可以得到的结论是：“在有借必有贷，借贷必相等”的记账规则下，经济业务的一般登记规律是“同类账户一增一减，两类账户同增同减”，且始终保持“有借必有贷，借贷必相等”的基本记账规则。尽管在遇到复杂的经济业务时，会出现“一借多贷”或“多借一贷”的情况，但是其仍然不会打破这一基本规则。

在运用借贷记账法登记经济业务时，有关账户之间会自动形成相互对照的关系，这种关系称之为账户的对应关系，具有对应关系的账户叫对应账户。

为了便于账户对应关系的正确表述和日后的监督检查，在将经济业务记入账簿前应先根据经济业务所涉及的账户及其借贷方向和金额编制会计分录，在经检查无误后，方可记账。所谓会计分录是指表明某项经济业务应借和应贷账户及其金额的双重记录，简称分录。

会计分录一般有简单分录和复合分录两种。简单分录是指只涉及两个相关联账户的会计分录；复合分录是指涉及两个以上相关联账户的会计分录，即一借多贷或多借一贷的会计分录。为了保持账户对应关系的清晰性，一般不要编制多借多贷的会计分录。

账户记录工作就像俗话说的“常在河边走，哪会不湿鞋?”的道理一样，不可能不发生差错。为了保证一定会计期间所发生的经济业务在账户记录上的正确性，有必要在一定的会计期末对账户记录进行试算平衡。由于借贷记账法是以“资产=负债+所有者权益”会计等式为其基本依据，以“有借必有贷，借贷必相等”为记账规则的。因此，借贷的平衡关系不仅体现在每一笔会计分录中，而且也反映在全部账户的关系上。其主要表现是：

全部账户本期借方发生额合计 = 全部账户本期贷方发生额合计

全部账户期初借方余额合计 = 全部账户期初贷方余额合计

全部账户期末借方余额合计 = 全部账户期末贷方余额合计

试算平衡表的基本格式如表5－2：

表 5－2　　　　　　试 算 平 衡 表

年　　月　　日　　　　　　　　单位：元

总账科目	期初余额		本期发生额		期末余额	
	借方	贷方	借方	贷方	借方	贷方
合计						

应当注意的是：试算平衡只是检查账户记录是否正确的一种方法。如果试算结果借贷双方不平衡，则可以肯定账户发生了记录或计算的错误；如果试算结果借贷双方平衡，一般也只能证明账户记录本身的正确性，而不能保证账簿记录的绝对正确性。这是因为试算平衡正如“下雨则能肯定天上有云，而有云未必就一定下雨”的道理一样，它只是记账正确性的必要条件，而非充要条件。试算平衡对于账户记录出现双方重记、漏记、会计科目用错、借贷方向记错和同方向串户等不影响账户平衡关系问题的检查是没有意义的。

二、会计核算的方法

会计核算方法是根据会计对象的特点，对会计核算具体内容进行完整、连续、系统反映和控制所应用的一系列专门方法和手段。会计核算方法好比是产品的生产装配线，从零配件的上线、组装直至产品的完成下线都有一套设计完整而技术合理的程序，只有按照程序组织进行生产，才能高效有序地生产出合格的产品。它主要包括：设置账户、复式记账、填制和审核凭证、登记账簿、成本计算、财产清查、编制会计报表等内容。

设置账户是指对会计对象具体内容进行分类核算的专门方法。要对复杂多样的会计对象的具体内容核算与监督，就必须首先对会计对象所包括的具体内容进行科学的分类，按照会计要素的变动情况和结果设置一定的账户，以便取得各种不同性质的核算指标。

复式记账是指对每一项经济业务都必须在两个或两个以上相关联的账户，按照相等的金额，同时进行双重记录的专门方法。为了清晰地反映每一笔经济业务的来龙去脉，需要通过复式记账来达到账户记录的正确性。复式记账不仅能够全面地再现相关账户之间的对应关系，而且也便于对各项经济活动进行监督。

填制和审核凭证是指对经济业务的合法合理性和会计记录的正确完整性进行审查所采用的专门方法。会计凭证是登记账簿的基本依据，发生经济业务所取得的外来凭证和填制的内部凭证只有经过会计部门和会计人员的严格审核，在正确无误的前提下才能作为记账的根据。填制和审核会计凭证，是经济业务核算真实性、正确性、合法性和合理性的重要保证。

登记账簿是指根据审核无误的会计凭证，通过复式记账将经济业务按其发生的先后次序，序时地记入有关账簿中的专门方法。通过登记账簿能够将分散的经济业务进行必要的汇总和整理，从而为经济管理、编制会计报表提供系统完整的会计数据资料。

成本计算是指按照一定的对象和管理的要求归集和分配生产经营过程各个阶段所发生的费用，计算并确定该对象总成本和单位成本的专门方法。通过正确的成本计算不仅能够综合地反映企业的生产经营成果，而且有利于全面掌握和控制经营过程各阶段的费用支出，促进企业加强核算，寻求降低和节约成本的途径，不断提供经济效益。

财产清查是指通过盘点实物，核对账目，保持财产物资账实相符的专门方法。通过财产清查能够保护国家和法人财产的安全完整、促使企业改进管理方法，挖掘财产物资的潜力，加速资金的周转速度，提高资金的使用效益。

编制会计报表是指以书面报告的形式，对日常会计核算的资料定期进行总结，总括地反映企业或单位一个特定时点或时期财务状况和经营成果的专门方法。会计报表所提供的会计资料是编制该会计报表的企业或单位经济活动中最重要的财务信息，是分析考核本期和编制下期财务计划和预算执行情况的基本依据，也是进行投资和经营者进行决策的必要参考资料。

上述会计方法构成了会计核算完整的方法体系。当经济业务发生后，有关当事人员首先要填制或取得会计凭证；然后经过会计人员审核整理后按照预先设置的账户，运用复式记账的规则编制记账凭证，据以登记账簿；对生产经营过程中发生的各种费用进行归集，计算出成本；通过财产清查进行账实核对，在保证账实相符的基础上最后编制会计报表。

三、结算

结算是指用一定的形式和条件来实现企业间或企业与其他单位和个人间货币收付的程序和方法。分为现金结算和转账结算两种。用现金直接支付、结清往来款项的结算业务，称为现金结算；收付双方通过银行以转账划拨方式进行的结算业务，称为银行转账结算，亦称非现金结算。企业除按规定范围使用现金外，大部分货币收付业务都应通过银行办理转账结算。根据中国人民银行有关支付结算办法规定，目前企业发生的货币资金收付业务，可以采用支票、银行本票、银行汇票、商业汇票、信用卡、托收承付、委托收款、汇兑及信用证等9种结算方式，通过银行办理转账结算。

（一）支票

支票是单位或个人签发的，委托办理支票存款业务的银行在见票时无条件向收款人或者持票人支付确定的金额的票据。支票由银行统一印制，一般按支付票款的方式分为现金支票、转账支票和普通支票。支票上印有“现金”字样的为现金支票，现金支票只能从银行提取现金。支票上印有“转账”字样的为转账支票，转账支票只能用于转账。未印有“现金”或“转账”字样的为普通支票，普通支票可以用于支取现金，也可以用于转账。在普通支票左上角划两条平行线的为划线支票，划线支票只能用于转账，不得支取现金。

支票结算方式是同城结算中应用很广泛的一种结算方式。单位和个人在同一票据交换区域的各种款项结算，均可以使用支票。支票的提示付款期限为自出票日起10日内，中国人民银行另有规定的除外。超过提示付款期限的，持票人开户银行不予受理。转账支票可以根据需要在票据交换区域内背书转让。

存款人领购支票，必须填写“票据和结算凭证领用单”并加盖预留银行印鉴。存款账户结清时，必须将剩余的空白支票全部交回银行注销。

企业使用支票需注意的事项有：（1）在签发支票之前，出纳人员应该认真查明银行存款的账面结余数额，防止签发超过存款余额的空头支票。签发空头支票，银行除退票外，还按票面金额处以5%但不低于1 000元的罚款。持票人有权要求出票人赔偿支票金额2%的赔偿金；（2）签发支票时，应使用蓝黑墨水或碳素墨水，将支票上的各要素填写齐全，并在支票上加盖其预留银行印鉴。出票人预留银行的印鉴是银行审核支票付款的依据。银行也可以与出票人约定使用支付密码，作为银行审核支付支票金额的条件。

采用支票结算方式时，对于收款的支票，企业应审查支票收款人是否是本人，支票是否在规定的有效期内，大小写金额是否相符，其他有关内容是否填写正确齐全，有无涂改（除收款人、签发日期和大小写金额不得更改外，其他内容更改应加盖预留银行印鉴），审核无误后，可填制进账单连同支票送交银行，根据银行盖章退回的进账单第一联和有关原始凭证编制收款凭证，进行账务处理，借记“银行存款”账户，贷记“主营业务收入”等有关账户；对于付款的支票，企业应根据支票存根和有关原始凭证编制付款凭证，进行账务处理，借记“物资采购”等有关账户，贷记“银行存款”账户。

采用支票结算方式，手续简便，收付款项及时。但银行无法进行事前控制，容易发生空头支票的现象，也容易发生遗失、被盗及冒领等现象。

（二）银行本票

银行本票是银行签发的，承诺自己在见票时无条件支付确定的金额给收款人或者持票人的票据。银行本票分定额本票和无定额本票。定额本票面值分别为 1 000 元、5 000 元、10 000 元和 50 000元。在票面上注明现金字样的，为现金本票。

银行本票适用于单位或个人在同一票据交换区域内各种款项的结算。银行本票的付款期限为自出票日起最长不超过 2 个月，在付款期内银行本票见票即付。超过付款期限提示付款不获付款的，持票人须在票据权利时效内向出票银行作出说明，并提供本人身份证件或单位证明，持银行本票向出票银行请求付款。

企业申请并取得银行签发的银行本票时，应根据“银行本票申请书”存根联编制付款凭证，进行账务处理，借记“其他货币资金”账户，贷记“银行存款”账户。用银行本票支付款项时，根据发票账单等借记“物资采购”等有关账户，贷记“其他货币资金”账户。企业因银行本票超过付款期或其他原因要求退款时，在交回本票和填制的进账单经银行审核盖章后，根据进账单第一联编制收款凭证，借记“银行存款”账户，贷记“其他货币资金”账户。收款单位取得银行本票并进账后，应根据银行盖章退回的进账单第一联和有关原始凭证编制收款凭证，进行账务处理，借记“银行存款”账户，贷记“应收账款”等账户。

银行本票由银行签发并保证兑付，具有信誉高，支付功能强等特点。用银行本票购买材料物资，销货方可以见票付货，购货方可以凭票提货；债权债务双方可以凭票清偿，收款人将本票交存银行，银行即可为其入账。因此，这种结算方式既便于购货方及时购进材料物资，又有利于销货方迅速收回货款，应用较为广泛。但未填明“现金”字样的银行本票不能向银行挂失止付，持有单位应妥善保管，防止丢失或被盗。

（三）银行汇票

银行汇票是汇款人将款项交存当地出票银行，由出票银行签发的，由其在见票时，按照实际结算金额无条件支付给收款人或持票人的票据。

银行汇票适用于单位和个人用于同城或异地的各种款项的结算，尤其适用于先收款后发货或钱货两清的商品交易。银行汇票可以用于转账，填明“现金”字样的银行汇票也可以用于支取现金。银行汇票的付款期限为自出票日起1个月内。超过付款期限提示付款不获付款的，持票人须在票据权利时效内向出票银行作出说明，并提供本人身份证件或单位证明，持汇票和解讫通知向出票银行请求付款。银行汇票的收款人可以将银行汇票背书转让给他人。背书转让以不超过出票金额的实际结算金额为限，未填写实际结算金额或实际结算金额超过出票金额的银行汇票不得背书转让。

企业申请并取得银行签发的银行汇票时，应根据“银行汇票申请书”存根联编制付款凭证，进行账务处理，借记“其他货币资金”账户，贷记“银行存款”账户。用银行汇票支付款项时，根据发票账单等借记“物资采购”等有关账户，贷记“其他货币资金”账户。如有多余款项或因汇票超过付款期等原因而退款时，应根据银行的多余款收账通知等编制收款凭证，借记“银行存款”账户，贷记“其他货币资金”账户。收款单位取得银行汇票并进账后，应根据银行盖章退回的进账单第一联和有关原始凭证编制收款凭证，进行账务处理，借记“银行存款”账户，贷记“应收账款”等账户。

银行汇票具有使用灵活、票随人到、兑现性强等特点，便于单位和个人的应急用款和及时采购。

（四）商业汇票

商业汇票是出票人签发的，委托付款人在指定日期无条件支付确定的金额给收款人或者持票人的票据。在银行开立存款账户的法人以及其他组织之间须具有真实的交易关系或债权债务关系，方可使用商业汇票，且同城和异地均可使用。商业汇票的付款期限由交易双方商定，但最长不得超过6个月。商业汇票的提示付款期限自汇票到期日起10日内。

存款人领购商业汇票，必须填写“票据和结算凭证领用单”并加盖预留银行印鉴，存款账户结清时，必须将剩余的空白商业汇票全部交回银行注销。

商业汇票可以由付款人签发并承兑，也可以由收款人签发交由付款人承兑。定日付款或者出票后定期付款的商业汇票，持票人应当在汇票到期日前向付款人提示承兑；见票后定期付款的汇票，持票人应当自出票日起1个月内向付款人提示承兑。汇票未按规定期限提示承兑的，持票人丧失对其前手的追索权。付款人应当自收到提示承兑的汇票之日起3日内承兑或者拒绝承兑。付款人拒绝承兑的，必须出具拒绝承兑的证明。

商业汇票可以背书转让。符合条件的商业承兑汇票的持票人可持未到期的商业承兑汇票连同贴现凭证，向银行申请贴现。

商业汇票按承兑人不同分为商业承兑汇票和银行承兑汇票。

商业承兑汇票是由银行以外的付款人承兑的票据。商业承兑汇票按交易双方约定，由销货企业或购货企业签发，但由购货企业承兑。承兑时，购货企业应在汇票正面记载“承兑”字样和承兑日期并签章。承兑不得附有条件，否则视为拒绝承兑。汇票到期时，购货企业的开户银行凭票将票款划给销货企业或贴现银行。销货企业应在提示付款期限内通过开户银行委托收款或直接向付款人提示付款。对异地委托收款的，销货企业可匡算邮程，提前通过开户银行委托收款。汇票到期时，如果购货企业的存款不足支付票款，开户银行应将汇票退还销货企业，银行不负责付款，由购销双方自行处理。

银行承兑汇票是由在承兑银行开立存款账户的存款人签发并由银行予以承兑的票据。承兑银行按票面金额向出票人收取万分之五的手续费。

购货企业应于汇票到期前将票款足额交存其开户银行，以备由承兑银行在汇票到期日或到期日后的见票当日支付票款。销货企业应在汇票到期时将汇票连同进账单送交开户银行以便转账收款。承兑银行凭汇票将承兑款项无条件转给销货企业，如果购货企业于汇票到期日未能足额交存票款时，承兑银行除凭票向持票人无条件付款外，对出票人尚未支付的汇票金额转作逾期贷款，并按照每天万分之五计收罚息。

采用商业汇票结算方式，可以使企业之间的债权债务关系表现为外在的票据。使商业信用票据化，加强约束力，有利于维护和发展社会主义市场经济。对于购货企业来说，由于可以延期付款，因而可以在资金暂时不足的情况下及时购进材料物资，保证生产经营顺利进行。对于销货企业来说，一方面可以蔬通商品渠道、扩大销量，促进生产。另一方面，汇票经过承兑，信用较高，可以按期收回货款，防止拖欠，在急需资金时，还可以向银行申请贴现，融通资金，比较灵活。销货企业可以根据购货企业的资金和信用情况不同，选用商业承兑汇票或银行承兑汇票；购货企业应加强资金的计划管理，调度好货币资金，在汇票到期前，将票款送存开户银行，保证按期承付。

（五）汇兑

汇兑是汇款人委托银行将其款项支付给收款人的结算方式。

汇兑按凭证传送方法不同分为信汇、电汇两种。信汇是指汇款人委托银行通过邮寄方式将款项划转给收款人。电汇是指汇款人委托银行通过电报将款项划给收款人。这两种汇兑方式可由汇款人根据对汇款快慢的需要选择使用。汇兑结算方式适用于异地单位和个人之间的各种款项的结算。

在汇兑结算方式下，付款单位应根据信汇或电汇凭证的第一联回单联编制付款凭证，进行账务处理，借记“应付账款”等账户，贷记“银行存款”账户；收款单位对于通过信汇或电汇方式汇入的款项，应在收到银行的收账通知时编制收款凭证，进行账务处理，借记“银行存款”账户，贷记“应收账款”等账户。

汇兑结算方式划拨款项手续简便，方法灵活，是应用较为广泛的一种结算方式。

(六) 委托收款

委托收款是收款人委托银行向付款人收取款项的结算方式。无论单位还是个人都可凭已承兑商业汇票、债券、存单等付款人债务证明办理款项的结算，收取同城或异地款项。委托收款还适用于收取电费、电话费等付款人众多、分散的公用事业费等有关款项。其结算款项划回的方式分为邮寄和电报两种。

第二节 会计报表

一、会计报表的作用

如前所述，企业在日常的会计核算中按照会计一般原则的要求，对发生的经济业务进行了确认和计量，并将确认和计量的结果进行记录。这些记录首先反映在会计凭证上，但每张会计凭证所反映的经济业务只是个别的、零星的、互不联系的。为了全面、系统地反映企业的经济活动所形成的财务状况和经营成果以及现金流量，还必须设置会计账簿，对各项经济业务进行总分类核算和明细分类核算或序时核算，形成完整的会计账簿资料。这一会计核算过程对保证企业经营活动的正常进行和对经济活动实施有效监督，无疑都起到了不可替代的重要作用。但是，分散在众多会计账簿上的资料无法扼要地概括反映企业经济活动全貌，不便于企业的内外部会计信息使用者了解企业的财务状况、经营成果及现金流量情况。因此，还必须在做好会计日常工作的基础上，定期编制财务会计报表。会计报表是指企业对外提供的反映企业某一特定日期财务状况和某一会计期间经营成果和现金流量的报告文件。

正是财务会计的目标决定了财务会计的核算原则与确认、计量、记录、报告方法，以这些财务会计原则为指导的日常会计核算所产生的资料就构成了编制财务会计报表的基础，以此为基础编制的财务会计报表就可以实现财务会计的目标。因此，财务会计为会计信息使用者提供尽可能准确、充分、通用的对决策有用信息的目标，决定了财务会计报表的编制，应为企业管理当局、现在的和潜在的投资者及债权人、政府管理部门以及其他用户提供有用的信息，以便他们对企业做出合理的投资、信贷以及其他相关决策。

对于投资者来说，其最关注的是投资的内在风险和投资报酬。因此，他们要求会计报表提供有关企业盈利能力、资本结构和利润分配政策等方面的信息。

对于债权人来说，其最关注的是他所提供给企业的资金是否安全，自己的债权是否能够按期如数收回。为此，他要求企业提供的会计报表着重反映企业的偿债能力。

对于政府及相关机构来说,他们最关注的是国家资源的分配和运用情况,需要了解与经济政策(如税收政策)的制定、国民收入的统计等方面的信息。为此,企业编制的会计报表,应提供有关企业的资源及其运用、分配方面的情况,为国家的宏观决策提供必要的信息。

对于企业管理人员来说，他们最关注的是企业财务状况的好坏、经营业绩的大小以及现金的流动情况。为此，企业编制的会计报告，应当为其提供有关企业某一特定日期的资产、负债与所有者权益情况，以及某一特定经营期间经营业绩与现金流量方面的信息，并为以后进行生产经营决策、改善生产经营管理提供参考资料。

对于企业职工来说，他们最关注的是企业为其所提供的就业机会及其稳定性、劳动报酬高低和职工福利好坏等方面的资料。

因此，企业编制的会计报表除了需要提供以上信息外，还需提供有关职工福利等方面的资料。

最后，对于社会公众（包括企业潜在的投资者或债权人）来说，他们最关注的是企业（特别是股份有限公司）的兴衰及其发展情况。为此，企业编制的会计报表，应当为其提供有关企业目前及其未来发展等方面的资料，帮助他们了解企业，并为其未来的投资决策提供信息。

财务会计报表提供的信息包括：关于企业的经济资源，在这些经济资源上的权利和义务，以及引起经济资源和经济资源权利变动的各种交易、事项和情况的影响；关于企业报表期内财务业绩和其他经营业绩的信息。这些信息应能表明企业怎样取得和使用现金，表明它的借款和借款的清偿，表明它的资本性业务，以及影响企业变现能力或偿债能力的其他因素；表明企业的管理当局怎样利用其受托使用的企业资源，向股东尽其经营管理责任的；这些信息还应为企业的管理当局提供他们为股东利益做出决策所需的其他有用信息。

同时，在这里还必须指出，财务会计报告主要是总结企业过去所发生的经济业务及其结果，所提供的仅仅是企业财务会计方面的信息。虽然会计报告所提供的信息是大多数信息使用者的主要信息来源，基本上能够满足使用者的需要，但会计报表本身所提供的财务会计信息并不能完全满足会计报表使用者进行经济决策所需要的信息，而有关的企业人力资源、企业背景、企业文化等非财务会计信息也将对报表使用者的经济决策产生重大影响。

二、会计报告的主要内容

企业会计报表好比是一个家庭，它是由具有某种共同属性的一个个成员组成的社会基本单位。企业的会计报表则是由一系列系统提供会计信息的报告载体的会计报表组成的一类家庭。其基本的家庭成员主要有3个，即：资产负债表、利润表和现金流量表。

资产负债表是反映企业在某一特定日期财务状况的会计报表。这里的“某一特定日期”是指月末、季末、半年末、年末；“财务状况”是指全部资产、负债和所有者权益情况。资产负债表所反映的虽然只是资产、负债和所有者权益在会计期末这一个时点上的数值，但由于企业以往的经营活动所获得的利润或亏损，必然引起资产、负债和所有者权益的相应增减变化，因此，它反映了企业在经过一个时期的经营后的财务状况，故也称为财务状况表。由于它反映的是某一时点的情况，所以又称为静态报表。

资产负债表是根据“资产=负债+所有者权益”这一基本会计方程式列示的。它可以总括地反映企业拥有的各项资产、承担的各种债务和所有者持有的各种性质的权益。通过资产负债表提供的各项资料，可以提供某一日期资产的总额及其结构，表明企业拥有或控制的资源及其分布情况，即：有多少资源是流动资产、有多少资源是长期投资、有多少资源是固定资产，等等；可以提供某一日期的负债总额及其结构，表明企业未来需要用多少资产或劳务清偿债务以及清偿时间，即：流动负债有多少、长期负债有多少、长期负债中有多少需要用当期流动资金进行偿还，等等；资产负债表还可以反映所有者所拥有的权益，据以判断资产保值、增值的情况以及对负债的保障程度。同时，资产负债表还可以提供进行财务分析的基本资料，如将流动资产与流动负债进行比较，计算出流动比率；将速动资产与流动负债进行比较，计算出速动比率等，可以表明企业的变现能力、偿债能力和资金周转能力，从而有助于会计报表使用者做出经济决策。

资产负债表根据资产、负债、所有者权益（或股东权益，下同）之间的勾稽关系，按照一定的分类标准和顺序，把企业一定日期的资产、负债、所有者权益各项目予以适当排列。它反映的是企业资产、负债和所有者权益的总体规模和结构。在资产负债表中，企业通常按资产、负债和所有者权益分类分项反映。也就是说，资产按流动性大小进行列示，具体分为流动资产、长期投资、固定资产、无形资产及其他资产；负债也按流动性大小进行列示，具体分为流动负债、长期负债等；所有者权益则按实收资本、资本公积、盈余公积、未分配利润等项目分项列示。

资产负债表一般有表首、正表两部分。其中，表首概括地说明报表的名称、编制单位、编制日期、报表编号、货币名称、计量单位等。正表是资产负债表的主体，列示了用以说明企业财务状况的各个项目。资产负债表正表的格式一般有两种：报告式资产负债表和账户式资产负债表。报告式资产负债表是上下结构，上半部列示资产，下半部列示负债和所有者权益。具体排列形式又有两种：一种是按“资产 = 负债 + 所有者权益”的原理排列；另一种是“资产 - 负债 = 所有者权益”的原理排列。账户式资产负债表是左右结构，左边列示资产，右边列示负债和所有者权益。不管采用什么格式，资产各项目的合计等于负债和所有者权益各项目的合计这一等式不变。

在我国，资产负债表采用账户式。每个项目又分为“年初数”和“期末数”两栏分别填列。资产负债表的格式如表 5 - 3 所示：

利润表是反映企业一定会计期间内经营成果的会计报表。利润表是根据“收入 - 费用 = 利润”这一公式编制的。它可以反映企业一定时期的经营成果及其各项构成情况。通过这张表可以评价企业的资本在经营过程中是否得到了保全；考核企业管理当局的经营管理水平和经营业绩；预测企业的获利能力；帮助管理当局进行经营决策；帮助所有者和债权人（包括现实的和潜在的）进行投资决策。

当然，仅靠利润表自身发挥上述作用是困难的，它往往需要通过整个财务会计报告和大量非财务信息及信息使用者的职业判断来进行。其中，收入、费用和利润的定义及列示应当遵循下列规定：

(一) 收入

是指企业在销售商品、提供劳务及让渡资产使用权等日常活动中所形成的经济利益的总流入。收入不包括为第三方或者客户代收的款项。在利润表上，收入应当按照其重要性分项列示。

(二) 费用

是指企业为销售商品、提供劳务等日常活动所发生的经济利益的流出。在利润表上，费用应当按照其性质分项列示。

(三) 利润

是指企业在一定会计期间的经营成果。在利润表上，利润应当按照营业利润、利润总额和净利润等利润的构成分类分项列示。

利润表的格式有“单步式”和“多步式”两种，我国采用的是“多步式”的利润表格式。多步式利润通常分以下几个步骤：

第一步，从主营业务收入出发，减去主营业务成本、主营业务税金及附加，计算得出主营业务利润。

第二步，从主营业务利润加上其他业务利润，减去营业费用、管理费用、财务费用，计算出营业利润。

第三步，在营业利润的基础上加投资收益、补贴收入、营业外收入，减营业外支出，计算出利润总额。

表 5－3　　　　　**资产负债表**

编制单位：　　　　　　____年__月__日　　　　　　单位：元

资　　产	行次	年初数	期末数	负债和所有者权益(或股东权益)	行次	年初数	期末数
流动资产：				流动负债：			
货币资金	1	(略)	1 105 000	短期借款	68	(略)	200 000
短期投资	2		64 000	应付票据	69		120 000
应收票据	3		85 000	应付账款	70		420 000
应收股利	4		—	预收账款	71		235 000
应收利息	5		—	应付工资	72		3 000
应收账款	6		871 500	应付福利费	73		15 000
其他应收款	7		5 000	应付股利	74		—
预付账款	8		170 000	应交税金	75		102 000
应收补贴款	9		—	其他应交款	80		21 000
存货	10		1 500 000	其他应付款	81		4 000
待摊费用	11		38 000	预提费用	82		1 800
一年内到期的长期债权投资	21		—	预计负债	83		—
其他流动资产	24		50 000	一年内到期的长期负债	86		600 000
流动资产合计	31		3 888 500	其他流动负债	90		—
长期投资：				流动负债合计	100		1 721 800
长期股权投资	32		270 000	长期负债：			
长期债权投资	34		80 000	长期借款	101		1 020 000
长期投资合计	38		350 000	应付债券	102		300 000
固定资产：				长期应付款	103		600 000
固定资产原价	39		5 800 000	专项应付款	106		—
减：累计折旧	40		1 160 000	其他长期负债	108		—
固定资产净值	41		4 640 000	长期负债合计	110		1 920 000
减：固定资产减值准备	42		—	递延税项：			
固定资产净额	43		4 640 000	递延税款贷项	111		4 500
工程物资	44		80 000	负债合计	114		3 646 300
在建工程	45		360 000	所有者权益(或股东权益)：			
固定资产清理	46		—	实收资本(或股本)	115		5 000 000
固定资产合计	50		5 080 000	减：已归还投资	116		—
无形资产及其他资产：				实收资本(或股本)净额	117		5 000 000
无形资产	51		250 000	资本公积	118		201 200
长期待摊费用	52		75 000	盈余公积	119		510 000
其他长期资产	53		—	其中：法定公益金	120		170 000
无形资产及其他资产合计	60		325 000	未分配利润	121		286 000
递延税项：				所有者权益(或股东权益)合计	122		5 997 200
递延税款借项	61		—				
资产总计	67		9 643 500	负债及所有者权益(或股东权益)总计	135		9 643 500

第四步，在利润总额的基础上减去所得税，计算出净利润。

多步式利润表提供的资料，有利于分析企业的生产经营情况，有利于不同企业之间的比较，有利于预测企业今后的盈利能力。

利润表的格式如表 5-4 所示：

表 5-4　　利　润　表

编制单位：____　　　　____年__月　　　单位：万元　　会企 02 表

项　目	行次	本月数	本年累计数
一、主营业务收入	1	（略）	5 550 000
减：主营业务成本	4		3 510 000
主营业务税金及附加	5		250 000
二、主营业务利润（亏损以“-”号填列）	10		1 790 000
加：其他业务利润（亏损以“-”号填列）	11		100 000
减：营业费用	14		300 000
管理费用	15		650 000
财务费用	16		150 000
三、营业利润（亏损以“-”号填列）	18		790 000
加：投资收益（损失以“-”号填列）	19		100 000
补贴收入	22		50 000
营业外收入	23		2 000
减：营业外支出	25		1 000
四、利润总额（亏损总额以“-”号填列）	27		941 000
减：所得税	28		310 530
五、净利润（净亏损以“-”号填列）	30		630 470

现金流量表反映企业一定会计期间内经营活动、投资活动和筹资活动等对现金产生的影响，其目的是为报表使用者提供一定会计期间内现金流入与流出的有关信息，汇总说明企业在一定会

计期间内经营、投资和筹资活动的情况。报表使用者利用这些信息，同时辅之以其他财务报表和有关媒介披露的信息，可以评估企业以下几方面的事项：

1. 企业偿还债务及支付企业所有者投资补偿（如股利）的能力以及对外筹资的需要；

2. 企业的净利润与经营活动所产生的净现金流量发生差异的原因；

3. 预测企业未来获取或支付现金的能力；

4. 会计年度内影响或不影响现金的投资活动与筹资活动。

由于利润表上提供的净利润金额，是按照权责发生制原则而不是按照收付实现制原则确认收入和费用而得到的计算结果，所以利润表不能直接提供经营活动取得现金流量的信息；而资产负债表也很难从期末和期初金额的比较中直接提供企业投资和筹资活动现金流量的信息。因而，现金流量表是一张反映企业经营全貌、揭示企业现金来源和运用，作为资产负债表和利润表之间的纽带和桥梁的报表。

现金流量表分为两个部分：第一部分为正表，第二部分为补充资料。正表又分为五部分，一是经营活动产生的现金流量；二是投资活动产生的现金流量；三是筹资活动产生的现金流量；四是汇率变动对现金的影响；五是现金及现金等价物净增加额。

补充资料又分为三部分，一是将净利润调节为经营活动产生的现金流量；二是不涉及现金收支的筹资活动和投资活动；三是现金及现金等价物净增加额。

经营活动产生的现金流量的列报方法有两种：直接法和间接法。

正表第一部分“经营活动产生的现金流量”是按经营活动现金收入和现金支出的主要类别进行反映的，通常叫经营活动现金流量列报的“直接法”。补充资料第一部分“将净利润调节为经营活动产生的现金流量”是以净利润为起点，调整不涉及现金的收入、费用、营业外收支、经营性应收应付等有关项目的增减变动，据此计算经营活动产生的现金流量，通常叫经营活动现金流量列报的“间接法”。采用间接法将净利润调节为经营活动的现金流量时，需要调节的项目可分为四大类：一是实际没有支付现金的费用；二是实际没有收到现金的收益；三是不属于经营活动的损益；四是经营性应收应付项目的增减变动。

现金流量表正表部分各项目是按收付实现制原则反映的，即反映企业一定会计期间内实际收到的和实际支付的现金。但是，对于“现金”、“银行存款”、“其他货币资金”、三个月内到期的“短期投资”等“现金类科目”内部的增减变动，由于不影响到现金流量总额，因此不需要在现金流量表上反映。

三、会计报表的分析

不同的会计报表使用者对于会计报表提供信息的要求是不一样的。企业的经营者希望全面而系统地掌握企业的财务状况和经营效益情况，以便有效地对企业生产经营活动进行计划和控制；企业的投资者则关心的是企业的经济效益（包括短期和长期的经济效益）和投入资金的使用效果；而企业的债权人则希望对企业的偿债能力和资产的变现能力做出判断。不同使用者对会计报表的上述广泛的要求，决定了需要采用一定的专门方法对会计报表进行必要的分析、评价和总结。会计报表分析的方法主要有趋势分析法和比率分析法两种。

趋势分析法是根据企业连续几期的会计报表所列的数额，比较其前后的增减变动，分析企业财务、经营变化和趋势的一种报表分析法。一个会计期间的会计报表往往不够全面，因为该期的会计报表数据可能受到大量的非常或偶然事件的影响，既不能代表企业的过去，也不能说明其未来。如果对企业若干期的会计报表按时间序列作分析，就能看出其发展趋势，有助于规划未来。通过趋势分析，也能看出本会计期间是否有代表性。在趋势分析中，那种将本期和前一期或前几期会计数据汇编在一起的会计报表，称之为比较会计报表。根据比较期限的长短，比较会计报表有短期比较会计报表（如上年和本年）、长期比较会计报表（如前三年和本年）。

由于趋势分析法分析的时间跨度通常涉及几个时期，故亦称不同时期分析法。通常采用的方法有横向分析法和纵向分析法。

横向分析法，又称多期比较分析法、水平分析法，是在会计报表中，用金额、百分比的形式，对各个项目的本期或多期的数据与其基期的数据进行比较分析，以观察企业财务状况与经营成果的变化趋势。比较时，可以采用前后各年每个项目金额的差额进行比较，也可以用百分率的变化进行比较，还可以计算出各期财务比率进行多期比较。比较的年度数一般为 3 至 5 年，有时甚至要列出 10 年的数据。

纵向分析法，又称结构百分比分析法、垂直分析法，就是把常规的会计报表换算成结构百分比形式的报表，然后将不同年度的报表逐项加以比较，查明某一特定项目在不同年度间百分比的变化情况，并进一步判断企业财务状况和经营成果的发展趋势。一般方法是将资产负债表各个主要项目除以总资产；利润表上各个主要项目除以销售净额，即可得出按结构百分比反映的资产负债表、利润表。然后，再将不同时期的报表项目加以比较，以便分析特定项目的变动情况。

比率分析法是用同一期会计报表上有关联项目的数额互相比

较，计算出比率，借以评价和说明企业财务状况和经营成果的一种方法。

在会计报表分析时，对不同规模的企业或前后各期经营规模发生了巨大变化的同一企业，若单纯依靠会计报表本身提供的绝对数金额进行分析，往往得不出有价值的结论，还会使分析者坠入云里雾里。如果同时以比率形式揭示出各种关系，比如投入产出的比率、利润与销售比率，企业的财务状况、经营成果就会明朗许多，而且企业在同行业中的竞争地位、前后各期的发展态势都将一目了然。

总之，比率分析法的特点是，它使得各个不同规模的企业的会计信息经比率化后，可以相互比较，是一项有用的分析诊断工具。

比率分析法的应用非常广泛，可供分析的指标种类很多，报表分析者应根据自己的分析目的，选择不同的比率指标进行分析。

思考题

1. 借贷记账法的内容有哪些？
2. 会计核算有哪些方法，它们之间的关系是什么？
3. 转账结算有哪些主要方式？
4. 会计报表有哪些作用？
5. 会计报表分析有哪两种主要方法？